Biblioteca Martins Fontes

ANDRÔMACA
BRITÂNICO

Racine *1639 †1699

ANDRÔMACA
BRITÂNICO

Racine

TRADUÇÃO
Jenny Klabin Segall

Martins Fontes
São Paulo 2005

Títulos dos originais franceses:
ANDROMAQUE e BRITANNICUS.
Copyright © 2005, Livraria Martins Fontes Editora Ltda.,
São Paulo, para a presente edição.

1ª edição
Livraria Martins Editora (1963)
2ª edição
2005

"Andrômaca" foi publicado isoladamente por Edições de Ouro em 1966.
"Britânico" foi publicado isoladamente por Edições de Ouro em 1966.

Tradução
JENNY KLABIN SEGALL

Acompanhamento editorial
Luzia Aparecida dos Santos
Revisões gráficas
Luzia Aparecida dos Santos
Renato da Rocha Carlos
Dinarte Zorzanelli da Silva
Produção gráfica
Geraldo Alves
Paginação
Moacir Katsumi Matsusaki

Dados Internacionais de Catalogação na Publicação (CIP)
(Câmara Brasileira do Livro, SP, Brasil)

Racine, Jean, 1639-1699.
Andrômaca ; Britânico / Racine ; tradução Jenny Klabin
Segall. – 2ª ed. – São Paulo : Martins Fontes, 2005. – (Biblio-
teca Martins Fontes)

Título original: Andromaque ; Britannicus.
ISBN 85-336-2201-5

1. Racine, Jean, 1639-1699 – Crítica e interpretação 2. Teatro
francês I. Título. II. Título: Britânico. III. Série.

05-6969 CDD-842

Índices para catálogo sistemático:
1. Teatro : Literatura francesa   842

Todos os direitos desta edição para a língua portuguesa reservados à
Livraria Martins Fontes Editora Ltda.
Rua Conselheiro Ramalho, 330 01325-000 São Paulo SP Brasil
Tel. (11) 3241.3677 Fax (11) 3101.1042
e-mail: info@martinsfontes.com.br http://www.martinsfontes.com.br

ÍNDICE

APRESENTAÇÃO DA 1ª EDIÇÃO   IX
NOTA À PRESENTE EDIÇÃO   XI

ANDRÔMACA   1
BRITÂNICO   85

APRESENTAÇÃO DA 1ª EDIÇÃO

Se se tentar apreender o espírito raciniano em seus múltiplos aspectos e em suas diversas implicações, é essencial ter-se presente o vínculo poderoso que o prende a Port-Royal. Lá, Racine recebeu a revelação de duas verdades que orientaram, daí para frente, seu comportamento, quer como homem, quer como artista: a) o amor infinito por Deus do qual nunca mais se apartaria; b) uma extrema e doentia sensibilidade diante do espírito de perseguição.

Ele se banha nesta atmosfera lúgubre de santidade, no meio destes "anjos mortais" que são as religiosas de Port-Royal, tendo como preceptora sua tia, Sainte-Thècle. É nesta casa de piedade que este órfão recebe a primeira revelação da natureza.

Em outubro de 1658, tendo terminado o estudo de humanidades, transfere-se para Paris onde ingressa nos estudos de filosofia do colégio Harcourt.

Em Paris sua vida modifica-se completamente, distanciando-se da calma existência das puras e santas religiosas.

Um belo dia, Racine parte para Uzès, ainda respirando a contradição de dois ambientes tão distintos como Paris e Port-Royal. Em Uzès ele vai digerir e sintetizar essas duas experiências, tão cheias de significado e conotações para sua sensibilidade.

Port-Royal gerou um primeiro Racine; Paris, na época do colégio Harcourt, embalou um segundo Racine (poeta mundano e feroz). Em Uzès, com a ajuda da natureza, nasceu um terceiro e definitivo Racine. O verdadeiro poeta se definiu; quando retorna a capital, em 1633, ele está maduro para escrever "Os irmãos inimigos". Neste ano trava conhecimento com Boileau, "o melhor amigo e o melhor homem que teve no mundo".

E assim surge o grande escritor, o grande artesão do verso que levará o drama francês e o próprio clacissismo a alturas insuspeitadas. Em 1667 temos *Andrômaca* e em 1669 *Britânico*, peças que representam dentro da topografia da obra raciniana um mergulho infernal e genial, do qual ele não voltará à tona, senão dez anos mais tarde, com Fedra.

São essas as duas obras — pela primeira vez acessíveis ao público ledor da língua portuguesa — que apresentamos neste segundo volume de traduções integrais de Jenny Klabin Segall, a qual se tem dedicado à divulgação das obras-primas do teatro clássico universal, em traduções em verso de cujo valor fazem fé unânimes vozes de imprensa sobre obras anteriormente editadas.

NOTA À PRESENTE EDIÇÃO

O objetivo desta edição foi republicar as famosas traduções de Jenny Klabin Segall de obras do Teatro Clássico francês. As primeiras datam dos anos 30 e tiveram mais de uma edição.

Trata-se de uma obra única. Guilherme de Almeida afirma no prefácio à primeira edição que Jenny Klabin não se limitou a "traduzir", fazendo muito mais: "'reproduziu', quer dizer 'produziu de novo', sentindo, pensando e dizendo como, onde, por que e quando Molière sentiu, pensou e disse". Em vista disso, obrigamo-nos a reproduzir, sem alterações, o texto original.

As edições utilizadas, fornecidas por Maurício Segall, a quem agradecemos, foram as da Martins Editora. Nosso trabalho de revisão limitou-se à correção de alguns erros claros de composição e à atualização ortográfica. Foram mantidas a pontuação e a seqüência do texto.

Nos casos em que as divisões do texto de Jenny Klabin Segall não coincidiam com as das edições francesas consultadas, mantivemos sempre a ordem proposta pela tradutora.

O EDITOR

ANDRÔMACA
TRAGÉDIA EM CINCO ATOS

PERSONAGENS

ANDRÔMACA	*viúva de Heitor, cativa de Pirro*
PIRRO	*filho de Aquiles, rei do Epiro*
ORESTES	*filho de Agamêmnon*
HERMIONE	*filha de Helena, noiva de Pirro*
PÍLADES	*amigo de Orestes*
CLEONE	*confidente de Hermione*
CEFISE	*confidente de Andrômaca*
FÊNIX	*aio de Aquiles, e depois de Pirro*

Séquito de Orestes

A cena se passa em Butroti, cidade do Epiro,
numa sala do palácio de Pirro.

PRIMEIRO ATO

Cena I

ORESTES, PÍLADES

ORESTES

Sim, se a fortuna anuiu em restituir-me o amigo,
Talvez mude de face, enfim, para comigo;
E já o seu rigor por suavizado tenho
Após fruir deste encontro o venturoso empenho.
Crera eu que, sob um céu que o amor me contraria,
Pílades ao olhar de Orestes surgiria,
Que ele me fosse, um ano após tê-lo perdido,
Na corte de Pirro, hoje, à vista restituído?

PÍLADES

Pois louvo o céu que, sempre oposto ao meu regresso,
Da Grécia parecia interdizer-me o acesso,
Do dia em que o furor do temporal bravio
Ante o Epiro apartou do vosso o meu navio.
No exílio, desde então, que alarmes não sofri,
Por vossas aflições, que prantos não verti!

RACINE

Sempre a temer por vós algum novo perigo
Do qual não partilhasse o vosso ausente amigo,
E, ainda mais, receando essa melancolia
Na qual, há tempos, já, vossa alma imersa via:
No temor que do céu um cruel interesse
A vosso afã funesto a morte concedesse.
Mas vejo-vos, senhor, e se dizê-lo ouso,
Conduz-vos ao Epiro azo mais auspicioso:
A pompa com que surge Orestes neste passo,
Não é de um infeliz que almeja o seu trespasso.

ORESTES

Do fado que me traz, quem sabe a meta obscura?
Uma inumana é a quem o meu amor procura;
Mas pode alguém prever o que há de armar-me a sorte,
E se a vida aqui vim procurar, ou a morte?

PÍLADES

Quê! de um funesto amor, vossa alma escrava cega,
Vossa vida à mercê deste amor ainda entrega?
E por que encanto, após sofrerdes mil gravames,
Quereis vos sujeitar de novo aos seus ditames?
Se vistes em Esparta Hermione inexorável,
Mostrar-se-á, no Epiro, acaso mais tratável?
Já, na ânsia de olvidar desprezos inegáveis,
Mostráveis-lhe ódio; enfim, sobre ela silenciáveis:
Que engano!

ORESTES

Eu me iludia a mim mesmo: Se estimas

Andrômaca

Um infeliz que te ama, amigo, não o oprimas.
Meu fundo coração eu te ocultei jamais?
Viste nascer meu fogo e meus primeiros ais:
E quando Menelau a mão de sua filha
Cedeu a Pirro, herói vingador da família,
Minha dor conheceste, e desde então me viste
Levar de mar em mar meu desespero triste.
Tão-só com aflição é que então te vi prestes
A seguir no infortúnio o desgraçado Orestes,
E de meu transe enfreando a fúria mundo afora,
De mim mesmo, afinal, salvares-me a toda hora.
Mas a lembrar-me enfim de que, entre alarmes tantos,
Hermione prodigava a Pirro os seus encantos,
Sabes como a minha alma, em seu ressentimento,
Quis punir-lhe os desdéns com justo esquecimento.
Fiz crer que em mim o amor matara, e eu mesmo o cri;
Transportes de ódio, só, em meus transportes vi,
E a rebaixar-lhe o encanto e odiando o seu rigor,
Desafiando-a a jamais me inspirar novo amor,
Quis assim sufocar a ternura em minha alma.
À Grécia regressei nessa ilusória calma,
E vi-lhe em assembléia os príncipes reunidos,
A quem um grave assunto alarmava os sentidos.
A eles corri. Pensei que a guerra, a luta, a glória,
De mais premente assunto imbuir-me-ia a memória;
E que assim recobrando o meu vigor primeiro,
Fugir-me-ia o amor do peito por inteiro.
Mas a perseguição da sorte, amigo, admira:
A uma cilada corro, a mesma a que eu fugira.
De todo lado se haure um sopro de desgraça;

RACINE

Em queixas contra Pirro a Grécia se congraça:
Trai suas juras, ouço, e a sua glória, esquece-a:
Pois cria em sua corte o inimigo da Grécia,
Astíanax, de Heitor infausto filho infante,
Resto dos reis que viu tombar Tróia expirante.
Ouço que do suplício ele foi salvo, quando
Andrômaca, o ardiloso Ulisses enganando,
Fez com que outra criança ao seu seio arrancada,
Com o nome do seu filho à morte fosse enviada.
Ouço ainda que, ao poder de Hermione pouco afeito,
Pirro a outra leva o dom de seu cetro e seu leito.
Sem crê-lo, Menelau de um himeneu se queixa,
Que, sempre retardado, em incerteza o deixa.
Mas, entre o desprazer que em sua alma assim gera,
Da minha uma alegria oculta se apodera:
Triunfo, ainda iludido, a imaginar que devo
Ao prazer da vingança o meu feliz enlevo.
Mas torna aí a ingrata a impor-me o seu prestígio:
De um fogo mal extinto abrasa-se o vestígio;
Sinto que aos poucos o ódio em minha alma se finda,
Ou melhor, o que sinto é estar a amá-la ainda.
Aos gregos me ofereço então; seu voto obtendo
A Pirro sou enviado, esta jornada empreendo,
A ver se, em lhe arrancando a criança que alarma
Tantas nações, da Grécia a fúria se desarma.
Pudesse eu, mais feliz, no ardor do qual sou presa,
Em vez de Astíanax, raptar minha princesa!
Pois não creias que possa esse ardor desmedido
Por obstáculo algum ver-se ainda impedido.
Já que após tanto esforço a resistência é vã,

ANDRÔMACA

Entrego-me qual cego a meu ardente afã.
Amo: para a levar daqui, a Hermione acorro;
Conquisto-a, ou a rapto, ou ante os seus olhos morro!
Mas tu, sabes do rei: Que pensas que ele faça?
Dize-me o que na corte e em sua alma se passa.
Sujeito a seu olhar minha Hermione ainda o tem?
Crês que ele me devolva o meu perdido bem?

PÍLADES

Seria vos nutrir, senhor, de auspícios vãos,
Julgar que ele a remeta agora a vossas mãos.
Não é que esta conquista incite o seu ardor;
Seu fogo se inflamou pela viúva de Heitor.
Mas até hoje, enfim, essa viúva inclemente
Tem lhe pago a paixão com rijo ódio somente.
Dia após dia, empreende ele algo, a ver se a abala:
A afagá-la, primeiro, e em seguida, a assustá-la;
Do filho, que conserva oculto, ameaça a vida;
Seu pranto incita, e faz por secá-lo em seguida.
A própria Hermione viu esse amante irritado
Mais de cem vezes, já, tornar a seu mandado,
E da fé perturbada a renovar-lhe o preito,
Menos gemer-lhe aos pés de amor, que de despeito.
Não é possível, pois, ser-vos garante, aqui,
De um coração que já não é senhor de si.
Ele pode, senhor, na desordem que o inflama,
Desposar o que odeia, e aniquilar o que ama.

ORESTES

Mas dize por que forma Hermione pode ver
Seu himeneu adiado e inócuo o seu poder?

RACINE

PÍLADES

Senhor, a altiva Hermione, em aparência, ao menos,
À inconstância de Pirro opõe ares serenos,
E diz que ele, feliz de aplacar-lhe o rigor,
Ainda lhe implorará aceitar seu amor.
Todavia, chegou a confiar-me os seus prantos;
Chora o cruel desprezo imposto a seus encantos;
Sempre a quedar-se aqui, e sempre a partir prestes,
Às vezes ela invoca o auxílio, até, de Orestes.

ORESTES

Pílades, ah! será? Iria eu, se assim fosse,
Lançar-me...

PÍLADES

Ponde termo à missão que vos trouxe.
O rei logo virá. Mostrai-lhe, nesta altura,
Contra o filho de Heitor, dos gregos a conjura.
Longe de lhe ceder de sua amada o filho,
Há de incitar-lhe o ardor esse novo empecilho.
Querendo desuni-los, vão uni-los mais;
Tudo exigi, a fim de que nada obtenhais.
O rei vem.

ORESTES

Vai, então; para a cruel apela;
Que ouça o amante que aqui vem ter tão-só por ela.

ANDRÔMACA

Cena II

PIRRO, ORESTES, FÊNIX

ORESTES

Antes que a Grécia aqui por minha voz se expresse,
Da escolha permiti que me ufane, e confesse
Meu júbilo, senhor, ao saudar em seu brilho
De Tróia o vencedor, de Aquiles magno filho.
Sim, vossos feitos, como os dele, a Grécia admira;
Ante ele tomba Heitor, ante vós Tróia expira.
E demonstrou de Pirro a rara intrepidez
O filho, só, do herói, poder tomar-lhe a vez.
Mas o que não faria a Grécia vê, aflita,
Que do sangue troiano atenuais a desdita,
E, anuindo em que vos toque o peito dó funesto,
Que de tão longa guerra acalentais o resto.
Senhor, quem Heitor foi, acaso não lembrais?
A Grécia enfraquecida o lembra por demais.
Esposas, filhas, mães, não há quem lhe ouça o nome,
Sem que nos corações frêmito de ódio assome.
Cada um, sobre esse filho infausto, ao alvo aspira,
Do esposo ou pai vingar que Heitor lhe subtraíra.
E esse filho, com o tempo, o que fará? Talvez
Que em nossos portos, qual seu pai, por sua vez
Surja um dia, e a abrasear de nossas naus os mastros,
Sobre a água, facho em mão, lhes siga os flâmeos rastros.
Vós mesmo, se eu ousar dizer o que se pensa,
Da injusta compaixão temei a recompensa
E que a serpente criada em hora inoportuna,

RACINE

Por tê-la conservado, um dia não vos puna.
Da Grécia inteira, enfim, acatai a ânsia justa;
Firmai sua vingança e a vossa vida augusta:
Destrui um monstro, a fim de que, com mão perversa,
Sobre vós, a guerreá-la, um dia não se exerça.

PIRRO

A Grécia por demais em meu favor se agita:
Com mais premente objeto a imaginava aflita,
E, visto a projeção do seu embaixador,
Em seu intuito eu quis glória maior supor.
Poderia emprestar a tão ínfima empresa
De Agamêmnon o filho a titular grandeza?
E um povo inteiro, enfim, tão triunfante e forte,
Dignar-se maquinar de uma criança a morte?
Que se pretende, aliás? que a sacrifique a quem?
Sobre essa vida a Grécia é quem direitos tem?
Dos gregos, somente eu, então não disporei,
De um cativo que coube ao Epiro e a seu rei?
Quando, rubro de sangue, aos pés de Tróia acesa,
Partilhava entre si o vencedor a presa,
A sorte, de que então o arbítrio se acatou.
Andrômaca e seu filho a Pirro destinou.
Hécuba, ante Odisseus finou-se: sem embargos
Acompanhou Cassandra o vosso pai a Argos:
Sobre eles e seus bens estendi meus direitos?
Porventura dispus do fruto dos seus feitos?
Temem que, com Heitor, Tróia do pó ressaia,
Que os dias que lhe deixo o filho me subtraia.
Demais cautela exige ânsia tão prematura;

Andrômaca

De tão longe eu não sei prever a desventura.
Medito, olho o que foi essa cidade outrora,
Tão soberba em bastiões, rica em heróis, senhora
Incontestada da Ásia; e contemplo, admirado,
Qual foi de Tróia a sorte, e qual hoje é o seu fado.
Torres vejo e bastiões de cinza e pó cobertos,
Um rio cor de sangue, agros, campos desertos,
Cativa uma criança, e não posso atinar
Com que Tróia em tal passo aspire a se vingar.
Aliás, se desse filho a perda foi jurada,
Um ano inteiro, então, por que é que foi adiada?
Aos pés de Príamo, ali, seu sangue se imolasse:
Sob as ruínas de Tróia a Grécia o sepultasse.
Tudo era justo, então; é em vão que da fraqueza
A idade, a infância, o sexo, invocava a defesa:
Da noite e da vitória o bárbaro domínio
Os golpes confundia e aguilhoava o assassínio.
Também minha ira foi por demais vingativa.
Mas que essa crueldade à fúria sobreviva,
Que, a vedar que em meu peito a compaixão se entranhe,
No sangue de uma criança indefesa eu me banhe,
Não, não! Procure a Grécia outra presa inimiga,
O que de Tróia resta, alhures se persiga:
De minha inimizade o curso se esgotou;
O Epiro salvará o que Tróia salvou.

Orestes

Porém não ignorais, senhor, por que artifício
Foi um falso Astíanax conduzido ao suplício
A que devera ser de Heitor o filho entregue.

Já não é Tróia, é Heitor que a Grécia aqui persegue.
Estende, contra o pai, sobre o filho o ódio, ainda;
Demais sangue correu para que a ira rescinda;
Tão-somente no dele é mister extingui-la,
E para o Epiro pode essa ira ainda atraí-la:
Pensai, rei!

PIRRO

Eu? Não, não, com gosto isto se apóia;
Busque no Epiro a Grécia uma segunda Tróia;
Que de ódio se alucine e deixe confundido
O sangue pelo qual venceu, com o do vencido.
Não é a primeira vez que, em gratidão remissa,
De Aquiles o valor paga com injustiça.
Heitor valeu-se disso, e algum dia, talvez,
Ao filho que deixou valha por sua vez.

ORESTES

Da Grécia o filho mais ilustre assim rebela?

PIRRO

E eu só venci, então, para depender dela?

ORESTES

O amor vos deterá em seus sagrados nós:
Hermione há de interpor-se entre o seu pai e vós.

PIRRO

Posso, senhor, a Hermione empenhar sempre apreço,
Sem que da sujeição a seu pai pague o preço;

E espero que algum dia ainda hão de se compor
De minha glória o zelo e o que me rege o amor.
Podeis render, no entanto, a Hermione o vosso preito:
Do sangue que vos une eu sei o liame estreito.
Vossa presença aqui, depois, senhor, se excusa,
E aos gregos podereis levar minha recusa.

Cena III

PIRRO, FÊNIX

FÊNIX

A sua amada o enviais, senhor, nesta incerteza...

PIRRO

Dizem que longamente ardeu pela princesa.

FÊNIX

Não temeis que de novo este fogo se inflame?
Que, a oferecer-lhe amor, faça com que ela o ame?

PIRRO

Consinto, Fênix, ah! que se amem, que ela parta!
Regressem, mutuamente encantados, a Esparta!
Que esteja todo porto à sua fuga aberto!
De que constrangimento estaria eu liberto!

FÊNIX

Senhor...

PIRRO

Basta. Outra vez, de encantos inegáveis.
Andrômaca aqui vem.

Cena IV

PIRRO, ANDRÔMACA, FÊNIX, CEFISE

PIRRO

A procurar-me estáveis,
Senhora? concedeis-me auspício tão feliz?

ANDRÔMACA

Senhor, eu ia a ver meu filho. Já que anuís
Em que uma vez por dia o único bem aviste
Que de Heitor e de Tróia a Andrômaca subsiste,
Ia chorar com ele agora alguns instantes:
Não me fora ainda dado, hoje, abraçá-lo antes!

PIRRO

Dos gregos dar-vos-á o temor vingativo
Das lágrimas, senhora, em breve mais motivo.

ANDRÔMACA

Que susto lhes abala agora o peito ufano?
A vosso aço escapou acaso algum troiano?

PIRRO

Assume por Heitor seu ódio novo aspecto:
Seu filho alarme influi.

ANDRÔMACA

ANDRÔMACA

De temor digno objeto!
Pobre criança, insciente, ainda, sem favor,
De que Pirro é seu amo, e que é filho de Heitor!

PIRRO

Seja o que for, a Grécia exige que pereça.
De Agamêmnon o filho o seu suplício apressa.

ANDRÔMACA

E haveis de pronunciar juízo tão impiedoso?
É o amor de sua mãe que o torna criminoso?
Não temem que dos seus um dia vingue a morte,
Mas que de sua mãe as lágrimas conforte.
Ter-me-ia feito a vez de esposo, pai, irmãos;
Mas devo perder tudo, e sempre às vossas mãos.

PIRRO

Senhora, recusando, adiantei-me a esse pranto.
Clama por vosso filho a Grécia armada. Entanto
Cruzasse, para obtê-lo, o mar com mil navios,
Corresse novamente o sangue todo em rios
Que Helena fez verter aos gregos e troianos,
Se em cinzas meu palácio ardesse após dez anos,
Não hesito ainda assim: a defendê-lo corro,
E a minha própria vida empenho em seu socorro.
Mas, quando assim por vós em defensor me erijo,
Não me concedereis um olhar menos rijo?
Odiado, a opor-me à Grécia inteira que me acossa,
Com a sua inimizade, hei de enfrentar a vossa?

RACINE

De mim disponde, mas posso esperar que agora
Já não repelireis quem tanto vos adora?
Que, ao enfrentar por vós inúmeros perigos,
Não vos conte também entre os meus inimigos?

ANDRÔMACA

Senhor, que não dirá a Grécia? E em tal empresa
Pode tão grande peito exibir tal fraqueza?
Pretendeis que intenção tão bela e generosa
Passe por mero afã de uma febre amorosa?
Cativa, sempre triste, a si mesma um gravame,
Podereis desejar que Andrômaca vos ame?
Que encanto vos influem olhos infortunados,
Por vosso braço a pranto eterno condenados?
Mas seguir da clemência a magna diretriz,
Render um filho à mãe, salvar um infeliz,
De dez povos, por ele, enfrentar a agressão,
Sem me exigir, senhor, em paga o coração,
A pesar meu, até, votar-lhe o vosso auxílio,
Seria digno, sim, de Aquiles, de seu filho.

PIRRO

Não se amainou vossa ira ainda para comigo?
Será vosso ódio eterno e eterno o meu castigo?
Sei que infelizes fiz; que Ilion, sem que o desminta,
Com vosso sangue a mão cem vezes me viu tinta;
Mas que vingança já sobre mim exercestes!
Quão caro não paguei os prantos que vertestes!
De que remorsos fui a vítima infeliz!
Padeço todo o mal que aos pés de Tróia fiz.

ANDRÔMACA

Vencido, nos grilhões do jugo a que me rendo,
Em fogos mais mortais de que acendi, ardendo,
Que prantos, quantos ais, que aflição sem quartel…
Senhora, fui jamais como vós tão cruel?
Mas já basta, afinal, que um de nós o outro puna;
O inimigo comum, senhora, nos reúna.
Da esperança uma só palavra me outorgai:
Vosso filho vos rendo e lhe sirvo de pai;
De Tróia ensiná-lo-ei a vingar os destroços;
Os gregos pagarão seus males, meus, os vossos.
Basta que me incentive um vosso olhar, um só:
Pode ainda ressurgir vossa Tróia do pó;
Em menos tempo, até, do que foram destruídos,
Coroarei vosso filho em seus muros reerguidos.

ANDRÔMACA

Grandeza tal, senhor, já pouco nos atrai;
É o que eu lhe prometia em vida de seu pai.
Não, não nos espereis rever, muros sagrados,
Que não puderam ser por Heitor conservados!
Contenta ao infeliz fortuna mais escassa;
Senhor, tão-só do exílio eu vos imploro a graça.
Longe dos gregos, mais, senhor, longe de vós,
Deixai que oculte o filho e o esposo chore a sós.
Vosso amor contra nós o ódio mais envenena;
Voltai, senhor, voltai, para a filha de Helena.

PIRRO

Quanto me atormentais! Senhora, acaso o posso?
Como lhe devolver um coração que é vosso?

RACINE

Sei que de minha fé por certo o império tinha,
Que ela ao Epiro veio, para aqui ser rainha;
Quis vos trazer a sorte uma e outra a esta ourela,
Cativa, em ferros, vós, para outorgá-los, ela.
Algum empenho tive em lhe agradar, no entanto?
Não parece, ao contrário, a quem vê vosso encanto,
Onipotente aqui, e o dela, inútil mais,
Ser ela a prisioneira enquanto vós reinais?
Um só dos ais que a vós envio, ah, que alegria,
Se a ela o dirigisse, à sua alma traria!

ANDRÔMACA

E por que se oporia Hermione a vossos ais?
Vossos serviços, já, não lembraria mais?
Contra vós, na alma, Heitor, Tróia, ódio lhe derrama?
Às cinzas de um esposo atribui vossa chama?
E que esposo! ah! da dor recordação fatal!
Só ele é quem tornou vosso pai imortal:
Deve ao sangue de Heitor os louros desmedidos,
E tão-só por meu pranto ambos sois conhecidos.

PIRRO

Pois bem, senhora, então é mister terminar:
Devo vos esquecer, ou, antes, vos odiar.
De meus votos não pode a violência intensa
Doravante estacar em mera indiferença;
Para o meu coração a alternativa é uma:
Se não arder de amor, que de ódio se consuma.
Em minha justa fúria eu já não me governo:
O filho pagará pelo desdém materno.

ANDRÔMACA

A Grécia o exige e não vou eu meter, a fé,
Minha glória em salvar quem tão ingrato é.

ANDRÔMACA

Ai de mim! morre, então! Por título à clemência
Meu pranto apenas tem, tem só sua inocência.
E em meu transe, afinal, a sua morte assim
De meus males, talvez, possa adiantar o fim.
Por ele prolongava a infortunada vida;
Com seu pai poderei então me ver reunida,
E juntos afinal, os três, por obra vossa…

PIRRO

Vosso filho ide ver, senhora; oxalá possa,
Ao vê-lo, o vosso amor, com timidez tardia,
Deixar de ter tão-só rancor e ódio por guia.
Volto a saber de vós nosso fado em seguida:
Pensai, ao abraçá-lo, em conservar-lhe a vida.

SEGUNDO ATO

Cena I

HERMIONE, CLEONE

HERMIONE

Faço o que queres, bem: não fujo a que me veja;
Concordo em conceder-lhe essa alegria, seja!
Pílades para aqui tão logo vem trazê-lo;
Mas cresse-me a mim mesma, e negar-me-ia a vê-lo.

CLEONE

Senhora, e pode haver algum mal em sua vinda?
Acaso não será o mesmo Orestes ainda
De quem mais de uma vez a volta desejastes?
De cujo amor constante a ausência lamentastes?

HERMIONE

A ingratidão com a qual esse amor retribuí,
Faz com que mais me humilhe a sua presença aqui.
Que triunfo, ah!, para ele, e que vergonha a minha!
Vê a igualar-lhe o enfado hoje a minha ignomínia.

RACINE

Dirá: É esta, então, aquela altiva Hermione?
Ela me desprezou, para que outro a abandone:
Punha seu coração a ingrata a altura tal,
Para, por sua vez, sofrer desprezo igual! Céus!

CLEONE

Dissipai, senhora, essa indigna suspeita:
Sua alma é por demais a vosso olhar sujeita.
Vir-vos-ia insultar o amante que vos traz
Aos pés um coração de inconstância incapaz?
Porém de vosso pai calais-me os mandamentos.

HERMIONE

Se Pirro persistir em seus retardamentos,
Se não der curso à lei que o troiano condena,
Partir com as naus da Grécia é o que meu pai me ordena.

CLEONE

Senhora, a Orestes dai, então, ouvidos plenos.
O que Pirro iniciou, terminai vós, ao menos.
Deveis é antecipar-lhe as decisões instáveis;
Já não ouvi de vós mais de uma vez que o odiáveis?

HERMIONE

Odeio-o, sim, Cleone; exige-o a minha glória
Após bondades mil de que olvida a memória;
Ele, a quem tanto quis, e que pôde atraiçoar-me!
Ah! por demais o amei! de ódio é fatal que me arme!

CLEONE

Fugi-lhe, pois, e já que de outro a fé infinda…

Andrômaca

Hermione

Não, deixa que me aumente o tempo a fúria ainda!
Que ainda com mais fervor dele o ódio em mim se firme!
Tendo-lhe horror, pretendo a seu jugo evadir-me.
No consegui-lo o infiel pode ser posto à prova!

Cleone

Pretendeis aguardar-lhe ainda uma injúria nova?
Que ele ame uma cativa, e que a ame à vossa vista,
Vemo-lo, sem que dele o vosso amor desista?
Que mais fará que já não fez a esse respeito?
Pudesse aborrecer-vos, já o houvera feito.

Hermione

Cruel, pretendes mais ferir-me o transe extremo?
Conhecer-me a mim mesma eu nesta altura temo.
Nada me creias, já, nada o que me vês e ouves:
Crê que não o amo mais, minha vitória louves;
Crê que se endureceu minha alma em seu desdém,
E tenta, ah! persuadir-me a que o creia eu também.
Sim nada mais aqui me incita a que persista:
Basta já de invejar sua indigna conquista!
Que o ligue a uma cativa um desonroso enlace;
Fujamos... Mas, se o ingrato ao seu dever tornasse,
Se da fé, da constância, ainda ouvisse os conselhos,
Se viesse, e o seu perdão implorasse aos meus joelhos,
Se inda o amor conseguir que à lei do meu reaja...
Mas que digo, ai de mim! tão-só me humilha e ultraja.
Permaneço, ainda assim: turbo-lhes a fortuna;
Algum prazer terei em lhes ser importuna,

Racine

Ou, forçando-o a romper um laço tão solene,
Farei com que da Grécia a vingança o condene.
Sobre o filho atraí, já, sua fúria rija;
Pretendo ainda fazer com que a mãe se lhe exija.
Pague-me as aflições que me fez padecer;
Que o perca, ou que ele, então, a ponha a perecer.

Cleone

Julgais que olhos tão sempre abertos para o pranto,
Pretendam ofuscar a luz de vosso encanto?
Que um coração, que a mais pesada mágoa oprime,
De seu perseguidor os suspiros anime?
Que ele sobre a sua dor algum alívio exerça?
Por que é que ela então vive em desespero imersa?
Se esse amante lhe praz, por que friezas tais?

Hermione

Ah! para pesar meu, eu o escutei demais.
Do mistério e silêncio eu não lhe impus a espera:
Sem temer-lhe a traição cri poder ser sincera,
E sem lhe impor jamais de um rigor meu as penas,
Ao falar-lhe, acatei meu coração apenas.
E quem a alma, como eu, não abriria, e a mente,
Sobre a fé de um amor jurado santamente?
Como ele hoje me vê, acaso então me via?
Lembras-te, em seu favor então tudo se unia:
Toda a Grécia exultante, a honra dos meus vingada,
Dos despojos de Tróia a armada carregada,
Os feitos de seu pai nublados pelos seus,
Seus votos, que eu julgava ardentes mais que os meus,

Andrômaca

Meu coração… Tu mesma à sua glória rendida,
Antes de sua traição, por tudo fui traída.
Mas seja ele o que for, Cleone, basta agora:
Orestes é virtuoso e Hermione não o ignora;
Ao menos sabe amar, e até sem ser amado,
E talvez que algum dia ainda o amem por seu lado.
Que venha, pois!

Cleone
Senhora, ei-lo a chegar-se cá.

Hermione
Ah! não supus pudesse estar tão perto já.

Cena II

Hermione, Orestes, Cleone

Hermione
Príncipe, ousara eu crer que vos traz à procura
De uma triste princesa um resto de ternura?
Ou às leis do dever devo imputar somente
Este empenho feliz que aqui vos traz presente?

Orestes
Tal é do meu amor a cegueira funesta;
De Orestes, já o sabeis, senhora, a sorte é esta:
Vir sem fim adorar o encanto que vos orna,
E cada vez jurar que a ele jamais retorna.

Racine

Sei que vai vosso olhar reviver-me as agruras,
Que torno, ao vir a vós, perjuras minhas juras:
Enrubescido o sei. Mas que o atestem os deuses,
Que outrora já o furor viram dos meus adeuses,
Que às regiões só corri, onde um trespasse certo
Pôr-me-ia enfim do transe e juras a coberto.
A morte mendiguei a gente estranha e brava,
Que só com sangue humano os seus deuses saciava:
Fecharam-me o seu templo; e esses povos sangrentos
Mostraram-se do dom de meu sangue avarentos.
Volto a vós, reduzido enfim a que me arroje
A em vosso olhar buscar a morte que me foge.
Meu desespero já a sua frieza mede:
Basta que da esperança a última luz me vede;
Para apressar a morte a que me precipito,
Que ainda uma vez me diga o que sempre me há dito.
Só este auspício há um ano à vida ainda me incita;
Tomai, tomai, senhora, a vítima que o cita
A vossos golpes já teria subtraído,
Se cruel como vós o houvesse conhecido.

Hermione

Senhor, deveis deixar linguagem tão sombria:
Obrigação urgente a Grécia hoje vos cria.
De meu rigor fatal, do cita, que falais?
Recordai quantos reis aqui representais.
Sua vingança vai depender de um transporte
E é de Orestes que aqui de vós se exige a morte?
Cumpri vossa missão, e antes que se reviva…

ANDRÔMACA

ORESTES

Desobrigou-me, já, de Pirro a negativa.
Ordena-me partir, e do filho de Heitor
Outro poder, princesa, o erige em defensor.

HERMIONE

Traidor!

ORESTES

Senhora, assim, já a deixá-lo prestes,
Venho de vós saber o destino de Orestes.
No coração já sei, já me parece ouvi-la,
A sentença fatal que minha alma aniquila.

HERMIONE

Sempre a me incriminar nalgum discurso triste,
Vossa voz na injustiça e lástima persiste.
Que é dessa inimizade a toda hora alegada?
Vim para o Epiro aonde eu fora relegada:
Ordenara-o meu pai. Mas sabeis, desde então,
Se não compartilhei já de vossa aflição?
Julgais que vós, tão-só, sofrestes? Que entretanto
O Epiro nunca viu correr também meu pranto?
E quem sabe se até, falhando ao meu dever,
Eu não vos desejasse, uma e outra vez, rever?

ORESTES

Vós! desejastes ver-me? ah, princesa divina...
Mas é a mim, por mercê, que a oração se destina?
Não vos ilude o olhar? é Orestes a quem mira,
Orestes, tanto tempo objeto de sua ira.

HERMIONE

Sim, sois vós, cujo amor, com o seu poder nascente
Do encanto lhe ensinou primeiro a arma potente.
Vós, que virtudes mil faziam estimar,
Vós, de quem dó senti, vós, que eu quisera amar.

ORESTES

Compreendo, é o que me cabe em partilha funesta:
De Pirro é o coração; piedade a Orestes resta.

HERMIONE

Pirro? não o invejeis! havia eu, sem favor,
De vos odiar demais.

ORESTES

Ter-me-íeis mais amor.
Quão diferente, então, ver-me-ia esse olhar vosso!
Vosso desejo é amar-me, e agradar-vos não posso.
Mas só o amor, então, se faria acatar,
E ter-me-íeis amor, fazendo por me odiar.
Ah, céus; tanto respeito, uma afeição tão firme…
Por mim, quantas razões, pudésseis só ouvir-me!
Por Pirro, hoje, afinal, disputais vós somente;
A pesar vosso, até, a dele certamente:
Sabeis que vos odeia e que o seu fogo aceso
Por outra…

HERMIONE

E quem vos diz, senhor, ter-me desprezo?
Um seu olhar ou dito instruiu-vos disso? Admira!

ANDRÔMACA

Minha presença, então, desprezo tal inspira?
Os votos que ela influi são tão pouco duráveis?
Outros olhos ser-me-ão, talvez, mais favoráveis.

ORESTES

Belo é insultar-me assim! senhora, prossegui!
Agora então sou eu quem vos despreza aqui!
Meu fogo a vosso olhar assaz não se explicou?
De seu fraco poder eu testemunha sou?
Desprezei-o eu! Prouvera a vós que o meu rival
Pudesse a seu poder votar desprezo igual!

HERMIONE

E que importa que me ame ou que me seja infiel!
Dos gregos é mister agir contra um rebel;
Ide, e da insurreição vinde cobrar-lhe o preço;
A que façam do Epiro uma outra Tróia aquieço.
Depois disso ousareis ainda dizer que o amo?

ORESTES

Ah! que venhais comigo é o que de vós reclamo!
Quereis neste lugar ficar como refém?
Vinde usar o poder que os vossos olhos têm.
Com o nosso ódio comum da Grécia a ira alevanto...

HERMIONE

Mas se ele desposar Andrômaca entretanto!

ORESTES

Princesa!

RACINE

HERMIONE

Refleti! para nós que vergonha,
Que como esposa à Grécia ele uma frígia imponha!

ORESTES

E assim o odiais! Senhora, isto por si responde!
Confessai que numa alma a paixão não se esconde:
Olhos, silêncio, voz, tudo nos trai na certa;
E melhor se revela a flama mal coberta.

HERMIONE

De vosso espírito haure a prevenção inata
Em tudo o que vos digo o veneno que o mata;
E, no que exponho vendo artifício a acusar-se,
Julga o meu ódio ser do amor, só, o disfarce.
Devo explicar-me, pois: agireis em seguida.
Ao Epiro eu me vi pelo dever trazida:
É onde o dever me prende; e não posso partir
Sem que Pirro ou meu pai me obriguem a sair.
Por meu pai adverti, pois, Pirro, sem apegos,
Não poder ser seu genro o inimigo dos gregos.
Que entre mim e o troiano a escolha firme, pois;
Saiba a quem quer guardar ou retornar, dos dois.
Despache-me, afinal, ou então, vo-lo entregue.
Se a tal não consentir, Hermione Orestes segue.

Cena III

ORESTES

Então, nem duvideis! sim, seguir-me-eis, portanto!

Andrômaca

Neste passo de Pirro a aquiescência garanto.
Não vou eu recear que Hermione aqui retenha:
Só no amor da troiana a alma dele se empenha;
Todo outro objeto o fere, e talvez dessa fala
Só o pretexto aguarde a fim de hoje afastá-la.
Está feito, ah! feliz final de minha empresa,
Subtrair ao Epiro uma tão bela presa!
Salva, Epiro, o que aqui de Tróia resta e Heitor,
Guarda o seu filho, viúva, ou seja quem mais for!
A mim o que me basta é Hermione restituída,
Para sempre a teu rei e chão ser subtraída.
Mas o acaso feliz para aqui o conduz.
De tanto encanto, Amor, vela à sua alma a luz!

Cena IV

Pirro, Orestes, Fênix

Pirro

Buscava-vos, senhor. Da violência o excesso
Fez-me antes combater vossas razões, confesso.
Mas pude eu ver, depois de vos deixar aqui,
Toda a sua eqüidade, e a força lhe senti.
Vi que a meu pai, à Grécia, aos olhos do universo,
A mim mesmo, afinal, eu me tornava adverso;
Que eu reerguia Tróia e tornava imperfeito
Tudo o que Aquiles fez, e eu mesmo tenho feito.
Eu não condeno mais cólera tão legítima,
E às vossas mãos, senhor, entrego a vossa vítima.

ORESTES

Por esse ato, senhor, prudente e rigoroso,
Pagareis pela paz com um sangue inditoso.

PIRRO

Mas garanti-la mais, senhor, é o que me apraz:
Hermione é o penhor de uma perene paz;
Desposo-a. A esse feliz ensejo só se impunha
Termos presente aqui tão grata testemunha.
Representais seu pai e a Grécia em alto grau,
Já que revive em vós o irmão de Menelau.
Ide comunicar-lhe que de vossa mão,
Amanhã, com a paz, lhe aguardo o coração.

ORESTES
(à parte)

Ah céus!

Cena V

PIRRO, FÊNIX

PIRRO

Fênix, e então? ainda a paixão me cega?
Ainda a reconhecer-me o teu olhar se nega?

FÊNIX

Enfim vos reconheço! e esta ira mais que justa,
Vos restitui à Grécia e à vossa glória augusta,

ANDRÔMACA

Já não é de um vil fogo o joguete sem brilho;
Sim, é Pirro, é o rival de Aquiles, é o seu filho,
Cuja alma torna às leis da glória e da altivez,
Para triunfar de Tróia uma segunda vez.

PIRRO

Dize antes que começa, hoje, a minha vitória,
Que a partir de hoje, só, minha alma frui a glória;
E tão altiva enfim quanto a viste servil,
Julga ela ter no amor vencido imigos mil.
Vê a que agitações, que transes fujo aqui,
Que males não arrasta o amor atrás de si!
Quantas obrigações ia sacrificar!
Que riscos… tudo houvera apagado um olhar.
Dos gregos sobre mim desabava a querela,
E ainda prazer sentia em me perder por ela.

FÊNIX

Eis por que o brio, enfim bendigo, que resiste…

PIRRO

Como ela me tratou, Fênix, também o viste.
Julgava eu, ao lhe ver a ternura alarmada,
Que m'a restituiria o filho, desarmada:
Dos seus abraços fui contemplar o sucesso;
Só encontrei do pranto e da violência o excesso:
Seu desespero a irrita; e sempre mais bravia,
O nome só de Heitor da boca lhe saía.
Debalde eu lhe afiançava o meu possante auxílio:
"É Heitor, sim! exclamava, a beijar sempre o filho,

"Seus olhos, lábios, são; é o seu porte, é o seu passo!
"Sim, é ele, sim! é a ti, caro esposo, que abraço!"
Mas que estará a pensar? que me condiga à mente
Deixar-lhe o filho a fim de que o amor lhe alimente?

FÊNIX

É o que vos reservou a ingrata sempre em paga.
Mas é deixá-la...

PIRRO

Eu sei o que a mente lhe afaga:
Sabe ser bela, e a crer que da raiva eu prescinda,
A orgulhosa a seus pés ousa esperar-me ainda.
Fênix, vê-la-ia aos meus sem sombra de tremor;
De Aquiles eu sou filho, e ela é viúva de Heitor:
Demasiado ódio Pirro e Andrômaca divide.

FÊNIX

Cumpre, senhor, então, não falar nela: ide
Ter com Hermione, e grato e em agradar-lhe atento,
Aos seus pés esquecei todo ressentimento.
Deveis, vós, a essa união dispô-la: é a um rival
Que se há de conferir, então, encargo tal?
Basta o amor que lhe tem!

PIRRO

Se a esposar, não presumes
Andrômaca, em segredo, alentar dela, ciúmes?

FÊNIX

Quê! sempre vos perturba Andrômaca o conceito!

Andrômaca

Que vos importam, céus! seu júbilo ou despeito?
Mas que encanto fatal sobre a vossa alma impera…

Pirro

Não, não lhe disse eu tudo o que dizer devera:
Minha ira não lhe expus como o faço contigo;
Ela ignora a que ponto eu sou seu inimigo.
Face a face humilhá-la é o que a minha honra manda,
Que ante ela, livremente, o meu ódio se expanda.
Vem, Fênix, ver-lhe o encanto ofendido e ao invés
De… Vem!

Fênix

Ide, senhor, lançar-vos a seus pés:
Sim, e a jurar-lhe mais quanto a vossa alma a adora,
Ide a novos desdéns ainda animá-la agora.

Pirro

Percebo: estás a crer que, prestes a perdoar,
Meu coração a segue, a fim de se aplacar.

Fênix

Amais, basta.

Pirro

Eu? amar aquela desumana
Que tanto ódio me tem quanto o amor meu a ufana?
Sem um amparo, a não ser meu, só, na viuvez,
Posso destruir seu filho, é o que devo, talvez:
Estrangeira… que digo? escrava ela no Epiro,

Seu filho, meu amor, meu reino lhe confiro,
E de seu coração, tão rijo quão ingrato,
Só de persecutor auferirei o trato?
Não, não, jurei: é mais que certo o meu despique;
É mister que afinal o ódio lhe justifique.
Seu filho entrego. Ah céus! que prantos correrão!
De que nomes não me há de chamar sua aflição!
Que espetáculo atroz preparo à sua dor!
Matá-la-á! e eu serei de sua morte o autor:
Sou eu quem o punhal no coração lhe crava.

FÊNIX

E por que essa intenção à luz se revelava?
Devíeis consultar vossa fraqueza, antes.

PIRRO

Compreendo. Da ternura excusa ainda uns instantes.
Crês que em tão fraca luta a minha ira não vingue?
É o último vislumbrar de um amor que se extingue.
Fênix, tuas razões é justo que eu abone;
Devo entregar seu filho e procurar Hermione?

FÊNIX

Sim, vede-a, e redimi, senhor, com mil ternuras
Demoras…

PIRRO

Vou cumprir em tudo as minhas juras.

TERCEIRO ATO

Cena I

ORESTES, PÍLADES

PÍLADES
Ah, príncipe, amainai o delírio em que estais:
Não vos conheço assim, Orestes não sois mais.
Deixai…

ORESTES
Não, de teu juízo imprópria hoje é a ocasião,
Pílades! farto estou de escutar a razão.
Para arrastar tal vida é alto demais o preço;
Basta deste suplício; ou a rapto, ou pereço.
É minha decisão e quero executá-la.
Sim, custe o que custar.

PÍLADES
Bem: vamos, pois, raptá-la.
Entretanto, onde estais, senhor, não olvideis.
Que pensarão de vós, ao ver o que fazeis?

Moderai, disfarçai a fúria que em vós arde;
Imponde a vosso olhar que ainda o segredo guarde.
A corte toda, a guarda, o ar que vos cerca, tudo
De Pirro pende aqui, de Hermione sobretudo.
Mormente a ela ocultai vosso ardor desvairado.
Por que íeis procurá-la, ah céus! em tal estado?

ORESTES

Nem eu mesmo ainda o sei. Acaso me continha?
A fúria me impelia e sei lá se não vinha
Para ameaçar de vez a ingrata e o seu amante.

PÍLADES

Que uso traria uma ira assim levada adiante?

ORESTES

E que razão, ah céus, não se alucinaria
Com o transtorno mortal que a alma me desvaria?
Diz que a esposa amanhã quer receber Hermione
De minha própria mão, em honra que me abone.
Ah, que antes essa mão em seu sangue se banhe...

PÍLADES

Por que o acusais? não é desígnio que se estranhe?
Talvez que a debater-se em seu próprio tormento,
Seja de lamentar tal como a vós lamento.

ORESTES

Não, não, conheço-o bem: meu desespero o ufana;
Sem mim, sem meu amor, desprezava a inumana.

ANDRÔMACA

Até hoje sempre foi a seu encanto infiel:
Tão-só para arrancar-ma é que a toma o cruel.
Ah, céus; tudo ia bem: Hermione, conquistada,
Da vista lhe ia ser para sempre afastada;
Já, entre o seu despeito e o seu amor confusa,
Por se entregar, tão-só lhe aguardava a recusa.
Ouvia, olhava já Orestes sem protesto,
Falava-lhe... faria uma palavra o resto.

PÍLADES

E podeis crê-lo?

ORESTES

Como! esse brio inflamado
Contra um traidor...

PÍLADES

Jamais ele foi tão amado.
Se Pirro vo-la houvesse entregue neste dia,
Algum pretexto logo a não retardaria?
Ah, crede-o, a uma atração fugi que em falso raia,
E, em vez de a raptar, para sempre olvidai-a.
Quereis a vosso amor impingir uma fúria,
Que, a odiar-vos, chorará toda a vida esta injúria
E um himeneu já pronto a se realizar,
Que lhe...

ORESTES

Por isso mesmo é que a quero raptar.
Tudo havia de rir-lhe e eu só teria ganho

RACINE

O furor e a aflição de um impotente assanho?
Fugir-lhe-ia outra vez tentando o esquecimento?
Não, não, quero associá-la agora ao meu tormento:
Basta de influir piedade e que eu só chore e gema.
Quero, por sua vez, que a inumana me tema,
E que, fadada ao pranto, em seu ódio e gravame,
Dos nomes que lhe dei por sua vez me chame.

PÍLADES
E a esse triste fim vossa embaixada aborta:
Orestes um raptor!

ORESTES
Pílades, pouco importa.
Se o Estado se valer de meus cuidados plenos,
De meu pranto a cruel vai vangloriar-se menos?
Que adianta se hoje à Grécia admiração inspiro,
Se sou fadado a ser a fábula do Epiro?
Aliás, eu to confesso, ainda que isso te alarme:
Minha inocência está começando a pesar-me.
Não sei a que poder injusto sempre praz
Perseguir a inocência e o mal deixar em paz.
Mas olhe eu aonde eu queira, a mim tão-só me acenam
Desgraças que do céu a justiça condenam.
Pois bem: que eu lhe mereça enfim o ódio inimigo,
E que o fruto do crime anteceda o castigo.
Mas tu, por que atrair, por que engano e loucura,
Sobre ti um furor que a mim tão-só procura?
Minha amizade tempo a mais assim te oprime:
Evita um infeliz, abandona-o ao seu crime.

Andrômaca

A tua compaixão, Pílades, te seduz.
Entrega-me ao perigo a que eu só faço jus.
Aos gregos leva tu a criança indefesa
Que me…

Pílades
Vamos, senhor, raptar vossa princesa.
Surge à luz a amizade através do perigo.
Quando é o amor que o conduz, que não pode um amigo!
Ide, de vossa escolta, encorajar o zelo:
Esperam vossas naus, do vento sopra o apelo.
Deste palácio eu sei os dédalos obscuros:
Podeis ver que lhe veria o mar bater os muros;
E, sem mais, esta noite um secreto desvio
Levará vossa presa até o vosso navio.

Orestes
É abuso meu deixar que a teu afeto cedas;
Mas perdoa as aflições de que só tu te apiedas,
A um infeliz que perde o seu único bem,
Que é odiado pelo mundo e a si mesmo ódio tem.
Oxalá possa um dia, em mais feliz ensejo…

Pílades
Dissimulai, senhor, é só o que desejo.
Que não surja antes da hora à luz vossa intenção;
Até lá esquecei de Hermione a ingratidão;
Esquecei vosso amor. Vem vindo; vejo-a, sim.

Orestes
Responde tu por ela, e respondo eu por mim.

Racine

Cena II

Hermione, Orestes, Cleone

Orestes

Restituiu-vos meu zelo hoje a vossa conquista;
Vi Pirro, e a vossa união, princesa, está à vista.

Hermione

É o que ouvi: e mais correu de boa fonte
Que vindes me avisar que ao himeneu me apronte.

Orestes

E não será vossa alma a seus votos rebel?

Hermione

Pudera inda alguém crer Pirro não ser infiel?
Que seu amor tão tarde iria se inflamar?
Que tornaria a mim quando o ia abandonar?
Creio-o, qual vós: talvez da Grécia tema a ira;
Mais do que a devoção, é o interesse que o inspira.
Eu tinha sobre vós poder mais absoluto.

Orestes

Não, ama-vos, senhora, isto já não discuto.
Não faz tudo o que quer fazer o vosso olhar?
E não timbrou decerto em lhe desagradar.

ANDRÔMACA

HERMIONE

Senhor, fui prometida e que mais faria eu?
Posso tirar-lhe um bem que um pai lhe concedeu?
Não determina o amor de uma princesa a sina:
E tão-só da obediência a glória se lhe ensina.
Não obstante eu partia, e assim pudestes ver
Como ia descurar por vós do meu dever.

ORESTES

Ah, sabíeis, cruel… Mas que cada alma possa
Dispor de si é justo. Assim, senhora, a vossa
Pertence-vos. Senti, sim, da esperança o surto;
Mas a outro a destes já sem que isso fosse um furto
E vos acuso a vós menos do que à fortuna.
Mas por que vos cansar com queixa inoportuna?
É dever vosso, é certo, e o meu, sem que se insista,
É vos desobrigar de tão triste entrevista.

Cena III

HERMIONE, CLEONE

HERMIONE

Esperavas, Cleone, uma ira tão modesta?

CLEONE

A dor que silencia é sempre a mais funesta.
Lamento-o mais por ser da própria mágoa autor;
Do golpe que o perdeu foi ele o causador.

Vede que tempos já vossa união se prepara:
Senhora, ele falou, e Pirro se declara.

HERMIONE

Crês que Pirro algo teme? E que influir-lhe-á temor?
A Grécia que fugiu dez anos ante Heitor?
Que, Aquiles vendo ausente, os brios vacilantes,
Cem vezes asilou em suas naus flamantes,
E que não transformasse o filho dele a cena,
De Tróia impune ainda hoje exigiria Helena?
Não, Cleone, de Pirro é diferente a fama:
Ele quer o que faz, e se me esposa, me ama.
Mas que Orestes me impute a prazer suas dores;
Outro assunto não tens que não seus dissabores?
Pirro retorna a nós! Concebes, ah, Cleone,
O júbilo sem-par da venturosa Hermione?
Conheces quem Pirro é? de seus feitos de monta
Ouviste a narração? Mas quem lhes sabe a conta?
Intrépido, a seus pés sempre vendo a vitória,
Galante, fiel enfim: que mais à sua glória…

CLEONE

Parai: vossa rival, banhada em sua dor,
A vossos pés, decerto, as mágoas vem depor.

HERMIONE

Céus! não posso entregar-me a meu ardor feliz…
Vem! que lhe diria eu?

Andrômaca

Cena IV

Andrômaca, Hermione, Cleone, Cefise

Andrômaca
Senhora, aonde fugis?
Bastante a vosso olhar o triunfo ainda não praz,
Que, em lágrimas, de Heitor a viúva ante vós traz?
Mas eu não venho aqui, com invejoso pranto,
Pleitear um coração rendido a vosso encanto.
Ai de mim, vi varar, por uma mão cruel,
O único a que o meu será sempre fiel:
Outrora por Heitor se incandesceu meu culto:
Com ele hoje se vê no túmulo sepulto.
Mas tenho um filho. Um dia heis de saber que extremos
Pode atingir o amor que por um filho temos;
No entanto é voto meu que em dia algum saibais
Como nos põe seu fado em aflições mortais,
Quando de tantos bens que eram nosso regalo,
É o único que nos resta e nos querem tirá-lo.
Ai de mim! quando após misérias de dez anos,
Visava a vossa mãe a ameaça dos troianos,
Fiz que de meu Heitor a apoiasse a atitude
Sobre Pirro podeis o que sobre ele pude.
Temor ainda um menino indefeso desperta
Que aos seus sobreviveu? Nalguma ilha deserta
Deixem que o leve; a tê-lo oculto lá me obrigo,
E a chorar, só, meu filho aprenderá comigo.

Hermione
Ouço, mas o dever, malgrado o vosso alarme,

Já que meu pai falou, ordena-me calar-me.
Instigou o rigor de Pirro a sua voz.
Mas, para ainda o amainar, quem pode mais que vós?
Imperou vosso olhar sobre ele até agora:
Fazei-o pronunciar; subscrevê-lo-ei, senhora.

Cena V

ANDRÔMACA, CEFISE

ANDRÔMACA

Que desprezo a cruel mais à recusa alia!

CEFISE

Seguir-lhe-ia o conselho e Pirro ainda veria.
Uma palavra Hermione e a Grécia vencerá.
Mas ele vos procura.

Cena VI

PIRRO, ANDRÔMACA, FÊNIX, CEFISE

PIRRO
(*a Fênix*)
A princesa, onde está?
Não me disseste achar-se ela neste lugar?

FÊNIX

É o que pensava.

Andrômaca

Andrômaca
(a Cefise)
Vês? que uso tem meu olhar?

Pirro
Que diz ela?

Andrômaca
Ai de mim! há quem não me abandone?

Fênix
Vamos seguir, senhor, à procura de Hermione.

Cefise
Mas que esperais? Rompei um silêncio obstinado.

Andrômaca
Meu filho prometeu.

Cefise
Não o tem ainda dado.

Andrômaca
Não, minha dor é vã. Resolveu seu trespasse.

Pirro
Nem ao menos se digna a nos virar a face?
Que orgulho!

Andrômaca
Irrito-o mais. Vem vindo, em seus extremos...

PIRRO

Vamos! de Heitor o filho aos gregos entreguemos.

ANDRÔMACA

(lançando-se aos pés de Pirro)

Que pretendeis fazer? Ah, príncipe! parai!
Se entregardes o filho, a mãe lhes entregai!
Juráveis-me inda há pouco a maior amizade!
Não poderei sequer tocar vossa piedade?
Sem perdão condenais-me à fúria que em vós lavra...

PIRRO

Fênix vô-lo dirá: empenhei a palavra.

ANDRÔMACA

Enfrentáveis por mim tantos perigos certos!

PIRRO

Estava cego; agora os olhos tenho abertos.
Podia-lhe antes ser seu perdão concedido;
Mas não me foi por vós nem feito esse pedido.

ANDRÔMACA

Ah, por demais, senhor, entendíeis gemidos
Que refreava o temor de serem repelidos.
Perdoai ao resplandor de uma ilustre fortuna,
Um resto de altivez temer ser importuna.
Não o ignorais: sem vós, quem crera que algum dia
Andrômaca de um amo os pés abraçaria!

ANDRÔMACA

PIRRO

Não; tendes-me ódio; e na alma abrigais o temor
De serdes devedora em algo a meu amor.
A vosso filho, até, de tais cuidados o alvo,
Menos havíeis já de amar, houvesse-o eu salvo.
Contra mim tudo se une, ódio, fúria, desprezo;
Mais me odiais a mim só, do que aos gregos em peso.
Já não vos vedarei de tão nobre ira o gozo.
Vem, Fênix.

ANDRÔMACA
Reuni-me, ó céus, ao meu esposo!

CEFISE

Senhora...

ANDRÔMACA
(*a Cefise*)
Direi mais? o seu rigor não vês?
De meus males autor, que ele os ignore, crês?
(*a Pirro*)
Príncipe, podeis ver a que estou reduzida.
Vi Tróia em chamas; vi meu pai cair sem vida;
O ferro vi ceifar minha família inteira,
Meu esposo em seu sangue arrastado na poeira,
Meu filho reservado à servidão no Epiro.
Mas que não pode um filho! Eu sou serva, e respiro.
Fiz mais; reconfortou-me às vezes que a esse filho
Coubesse aqui, em vez de outra região, o exílio;
Que, feliz no infortúnio, ele, neto de reis,

Racine

Condenado a servir, servisse a vossas leis.
De que ser-lhe-ia asilo a sua prisão, cria-mo:
Já respeitou, outrora, o próprio Aquiles, Príamo.
De seu filho esperava ainda maior bondade.
Perdoa, caro Heitor, minha credulidade!
Podia um teu opoente a um crime fazer jus?
A pesar dele, até, magnânimo o supus.
Ah! se bastante o fosse, ao menos, para aqui
À tumba nos deixar, que à tua cinza ergui,
E que, findando lá seu ódio e os nossos ais,
Tão caros restos já não separasse mais!

PIRRO

Fênix, espera ali.

Cena VII

PIRRO, ANDRÔMACA, CEFISE

PIRRO

Senhora, ouvi-me a sós.
O filho que pranteais pode voltar a vós.
Sinto ver que, instigando o vosso pranto e alarmas,
Só estou a vos dar contra mim novas armas.
Supunha eu me chegar com maior ódio aqui:
Mas vosso olhar a mim ao menos dirigi:
Vede se o meu será o de um severo juiz,
Se ele é de quem jamais desagradar-vos quis.
Mas é que, a vos trair, vós mesma me obrigais.

ANDRÔMACA

Por quem vosso filho é, não nos odiemos mais.
A salvá-lo, afinal, sou eu quem vos convida.
Exigis que eu de vós implore a sua vida?
Quereis que em seu favor vossos joelhos abrace?
Ah! pela última vez, subtraí-o ao trespasse.
Sei que nós vou romper por vós, que leis trair;
Que ódios tremendos vão sobre mim recair.
Retorno Hermione à Grécia, e, em vez do diadema,
Sobre a fronte lhe aponho essa injúria suprema:
Será vosso o himeneu que para ela se apresta;
A tiara ostentareis que lhe ornaria a testa.
Mas não é oferta, já, de se menosprezar;
Senhora, a escolha é: perecer ou reinar.
Desesperado após um ano de frieza,
Meu coração não mais suporta esta incerteza.
Demais tempo é gemer, implorar, ameaçar.
Morro se eu vos perder; mas morro se esperar.
Para vos conduzir ao templo, volto em breve:
Vosso filho está lá, à espera que eu vos leve;
E lá ver-me-eis, submisso, ou num final abalo,
Coroar-vos, ou, senhora, ante vós, imolá-lo.

Cena VIII

ANDRÔMACA, CEFISE

CEFISE

Disse-o eu: é vão da Grécia o furor malfadado;
E senhora ainda sois de vosso próprio fado.

RACINE

ANDRÔMACA

Teu conselho, ah, que obteve! e como a dor me agrava!
Se condenar meu filho era o que me restava!

CEFISE

Senhora, a vosso esposo é demasiada a fé;
Assim podeis tornar-vos criminosa, até.
Ele próprio à cordura havia de dispor…

ANDRÔMACA

Quê! iria eu lhe dar Pirro por sucessor!

CEFISE

Seu filho o quer, de quem pede a Grécia a cabeça.
E julgais que, afinal, os manes lhe enrubesça?
Que um vencedor despreze, um rei, por quem tornais
A um trono e a um resplandor digno de vossos pais?
Que por vós do feliz inimigo a ira trai,
Que não se lembra mais que Aquiles foi seu pai,
Que do próprio triunfo os feitos esqueceu?

ANDRÔMACA

E, se esquecido os tem, devo esquecê-los eu?
Devo esquecer Heitor, de funerais privado,
Indignamente ao pé dos bastiões arrastado?
Devo esquecer meu pai, em sangue a se esvair,
Tingindo em rubro o altar que abraçara ao cair?
Lembra o que foi, Cefise, essa noite fatal,
Que a um povo inteiro foi uma noite eternal.
Pirro imagina, a entrar, os olhos faiscantes,

ANDRÔMACA

No púrpuro clarão dos palácios flamantes,
Por sobre os meus irmãos sem vida, a abrir passagem,
E, coberto de sangue, esquentando a carnagem;
Os gritos de ódio lembra, os dos agonizantes,
A arfar por entre o fogo, em seu sangue expirantes;
Andrômaca aterrada evoca em tal horror:
Assim se apresentou Pirro ante a minha dor;
Esses seus feitos são a coroar-lhe o renome;
Eis o herói que se quer que eu por esposo tome.
Não, cúmplice jamais poderei ser do crime;
Sobre nós, se o quiser, que ele a vingança ultime.
Meu ódio entregar-lhe-ia, e ele, sem empecilho…

CEFISE

Bem, vamos ver, então, expirar vosso filho.
Esperam só por vós… Mas, senhora, fremis.

ANDRÔMACA

Ah! que lembrança em mim reabres, infeliz!
De ir ver morrer meu filho eu terei a coragem,
Meu filho, meu amor, de meu Heitor a imagem,
Que ele de sua fé me deixara em penhor!
Lembro, ai de mim! que o dia em que o seu destemor
Fê-lo a Aquiles buscar, ou antes ao trespasse,
Cingindo o filho ao peito, as lágrimas na face
Me viu: "Querida esposa, é o que disse, a enxugar-mas,
"Ignoro o que reserva a sorte às minhas armas;
"Deixo em penhor de nossa união meu filho aqui:
"Quero, se me perder, que me encontre ainda em ti.
"Se a memória de um nó tão feliz te for cara,

"Mostra ao filho a que ponto a mãe o pai amara."
E um sangue tão precioso eu deixarei verter!
E com ele verei seus pais todos morrer!
Rei bárbaro, por que o há de arrastar o meu crime?
Se te odeio, é mister que meu ódio o vitime?
De toda a sua raça a morte te exprobrou?
Dos males que ainda ignora ele a ti se queixou?
Mas morres, ah! meu filho, a não ser que eu me vergue,
Desviando o aço fatal que sobre ti já se ergue.
Dele posso salvar-te e a ele te ofereço!…
Mas não, não morrerás, qualquer que seja o preço.
Vou ter com Pirro. Não, vai tu, Cefise amiga,
Vai tu vê-lo por mim.

CEFISE
Que quereis que eu lhe diga?

ANDRÔMACA
Dize-lhe ser o amor por meu filho mais forte…
Crês que ele resolveu de fato a sua morte?
Pode a paixão levar a barbárie a tal ponto?

CEFISE
Senhora, em fúria vai voltar aqui de pronto.

ANDRÔMACA
Vai lhe afiançar, então…

CEFISE
O quê? a vossa fé?

ANDRÔMACA

ANDRÔMACA

Ai de mim! para dá-la, ainda minha é?
Ó meu esposo! Ó Tróia! Ó cinzas de meu pai!
Quão caro, ó filho meu, tua vida me sai!
Vamos.

CEFISE

Senhora, aonde? ah, por vosso repouso…

ANDRÔMACA

Vou sobre a sua tumba evocar meu esposo.

QUARTO ATO

Cena I

ANDRÔMACA, CEFISE

CEFISE

Ah! não duvido: é o vosso esposo, é Heitor, senhora,
Que em vossa alma produz este milagre agora
E a seu reerguimento ainda Tróia reserva,
Com o venturoso filho a quem por vós preserva.
Pirro já o prometeu. Já vos foi dado ouvi-lo;
Vosso aceno esperou, só, para restituí-lo.
Em seus transportes crede: aliados, cetro, escudo,
Feliz por vos obter, a vossos pés põe tudo,
E ante o seu povo inteiro ao trono vos conduz.
Pois é este o vencedor que a tanto ódio fez jus?
Já nobre indignação contra os gregos o inspira:
Só pensa em subtrair vosso filho à sua ira;
Previne-a, de antemão; cede-lhe a própria guarda:
Por não expô-lo, ele a si mesmo, não resguarda.
Mas prometestes vir; no templo, já, com brilho…

Racine

Andrômaca

Sim, lá me encontrarei. Mas vamos ver meu filho.

Cefise

Deixai para depois. Basta que doravante,
Senhora, o possais ter convosco a todo instante.
Prodigar-lhe-eis em breve os carinhos e agrados,
E os vossos beijos já não mais serão contados.
Que alegria criar-se um filho em sua flor,
Não como escravo afeito às ordens de um senhor,
Mas por ver renascer tantos reis e talvez...

Andrômaca

Cefise, vamos vê-lo pela última vez.

Cefise

Que estais dizendo? ah céus!

Andrômaca

Ah, querida Cefise!
A ti posso a alma abrir sem que fingir precise:
Tua fé me provaste em meus mais negros dias;
Mas julguei que melhor também me conhecias.
Creste Andrômaca infiel, e que ela trairia
O esposo que ao morrer reviver nela cria?
Que dos mortos a dor reavivando em seu pouso,
Turbar-lhes-ia em prol do meu próprio o repouso?
Seria à sua cinza este o jurado zelo?

ANDRÔMACA

Mas seu filho morria, urgia defendê-lo.
Pirro, ao me desposar, se arvora em seu esteio;
Basta: fio-me nele e em seus empenhos creio.
Sei quem Pirro é: violento, é sincero, ainda assim;
Mais do que prometeu, talvez faça por fim.
Em meu favor também dos gregos a ira sai:
Vai ao filho de Heitor seu ódio dar um pai.
E assim, já que é preciso imolar-me, me apresto
Para a Pirro empenhar de minha vida o resto;
Vou, ao lhe receber a fé sobre os altares,
A meu filho o ligar por laços tutelares.
Mas, logo após, verás, tão-só a mim cruel,
Minha mão abreviar minha existência infiel,
E, salvando a minha honra, eu render o que assim
Devo a Pirro, a meu filho, a meu esposo, a mim.
Este é de meu amor o justo estratagema:
Esta é de meu esposo a mensagem suprema.
Vou, solitária, unir-me a Heitor e meus avós.
Cefise, hás de fechar-me os olhos, tu, após.

CEFISE
Senhora, ah! pretendeis que eu sobreviva, quando...

ANDRÔMACA
Não, não deves seguir-me; é a ti que estou confiando
O tesouro, Cefise, a que até hoje me ative.
Vivias para mim, para o meu filho vive.
Da esperança de Tróia és tu a depositária;
Recorda a quantos reis te tornas necessária.

RACINE

De Pirro vela a fé; fica de sobreaviso:
Consinto em que de mim lhe fales, se preciso.
Faze valer-lhe a minha anuência ao nosso enlace,
E eu ter-me a ele empenhado antes do meu trespasse;
Todo ressentimento é mister que suprima;
Confiando-lhe o meu filho, assaz lhe provo estima.
A meu filho, os heróis pinta de sua raça:
O seu exemplo, o mais que possas, lhe retraça:
Saiba o que lhes firmou do nome a magnitude,
Mais do que eles têm feito, o que tem sido; e amiúde
De seu pai a virtude à sua alma evocando,
Lembra-lhe a sua mãe também de vez em quando.
Mas que não leve mais nossa vingança a peito:
Deixamos-lhe um senhor a quem deve respeito.
Recorde os seus avós, mas sem ser imodesto:
Se é do sangue de Heitor, dele é também o resto.
E a este resto, num dia, eu terei, por meu lado,
Meu ódio, meu amor, e meu sangue imolado.

CEFISE

Ai de mim, ai!

ANDRÔMACA

Já não me sigas, se no espanto
De tua alma prevês não reprimir o pranto.
Vem gente. Oculta a mágoa e lembra neste dia
Que Andrômaca o seu fado à tua fé confia.
Vamos, é Hermione. Vem, fujamos à sua ira.

Andrômaca

Cena II

Hermione, Cleone

Cleone

Senhora, ah! por demais vosso silêncio admira!
Conservais-vos calada e à face desse ultraje
Vossa alma, alheia ao ódio e à injúria, não reage!
Sofreis tal golpe, e sem que fúria em vós assome,
Vós, fremente ao ouvir de Andrômaca até o nome!
Vós, a quem desespero empalecia a face,
Bastando que de Pirro um mero olhar a honrasse!
No templo logo a esposa, e, com a real coroa,
A fé a vós empenhada a Andrômaca ele doa;
E mudos tal perfídia os vossos lábios deixa!
Não se dignam sequer soltar u'a justa queixa!
Que temor singular me influi contraste destes!
Seria, ah, quão melhor...

Hermione

Mandaste vir Orestes?

Cleone

Senhora, sim, vem vindo: a vosso mando afeito,
Jamais falha em vos vir aos pés depor seu preito;
Pronto sempre a servir sem recompensa vossa,
Não há o que sobre ele o vosso olhar não possa.
Ei-lo.

Cena III

ORESTES, HERMIONE, CLEONE

ORESTES

Ah, poderei crer, princesa, que atesteis
Que Orestes, vindo a vós, se rende a vossas leis?
Senhora, não me engana uma ilusória crença?
Desejastes de fato u'a vez minha presença?
E, desarmado, enfim, vosso olhar que jamais...

HERMIONE

Quero saber, senhor Orestes, se me amais.

ORESTES

Eu, se vos amo? ó céus! Os meus perjúrios, juras,
Minha fuga e regresso, injúrias e ternuras,
Meus ais, meu desespero, os meus suspiros, prantos,
Em que crereis, se não em testemunhos tantos?

HERMIONE

Vingai-me, creio tudo.

ORESTES

Então, senhora, avante:
Vamos em chamas pôr a Grécia; que a alevante
Dê meu braço o valor, de vosso nome o som,
Vós, no lugar de Helena, e eu, no de Agamêmnon.
De Tróia espelhe o Epiro as misérias fatais,
E fale-se de nós como de nossos pais.
Partamos, pronto estou.

ANDRÔMACA

HERMIONE

Senhor, não estou pronta;
Fiquemos: eu não levo ao longe tal afronta.
Quê! iria eu coroar-lhes a insolência odienta
E alhures esperar uma vingança lenta?
Deixaria à mercê da guerra um desenlace
Cujo imprevisto enfim talvez não me vingasse?
Não! Parto, mas que chore o Epiro inteiro agora.
Se me vingais, vingai-me dentro de uma hora.
Todo atraso é recusa: anda! ao templo correi.
É preciso imolar...

ORESTES

Senhora, quem?

HERMIONE

O rei.
Pirro.

ORESTES

Pirro, ah, princesa!

HERMIONE

Então, já vacilais?
Que eu torne a vos chamar, devíeis temer mais.
Se algum direito houver, não vou eu recordá-lo,
E não vos cabe a vós ainda justificá-lo.

ORESTES

Desculpá-lo, eu? Senhora, em tudo vos secundo;

RACINE

Seus crimes em minha alma estão gravados fundo.
Vinguemo-nos: contudo, unamos os destinos
Seus inimigos sendo, e não seus assassinos.
Façamos com que em justo embate ele pereça.
Podeis querer que eu leve à Grécia essa cabeça?
E terei eu do Estado assumido o mandato
Para dele eximir-me pelo assassinato?
Permiti, por mercê, que a Grécia a ele acorra,
E que sob a pressão do ódio público morra.
Lembrai-vos de seu cetro e que de um rei coroado...

HERMIONE

E não vos basta, a vós, eu tê-lo condenado?
Não basta que a minha honra ultrajada hoje exija
Vítima que a mim só, só a mim se dirija?
Hermione o prêmio ser da morte de um traidor?
Que lhe tenho ódio; enfim, que já lhe tive amor?
Não o nego: soubera o ingrato influir-me agrado;
Fosse por meu amor ou meu pai ordenado,
Tanto faz; mas deveis é levar isto em conta:
Não obstante a traição de que me impôs a afronta,
Do horror que de seu crime em minha alma derivo,
Temei que eu lhe perdoe, enquanto ele for vivo.
Duvidai até o fim de uma ira incerta e vã:
Se ele hoje não morrer, posso amá-lo amanhã.

ORESTES

Devo imolá-lo, pois; prevenir que o agracieis;
Devo... mas, para agir, que é que de mim quereis?
Como vos contentar, senhora, a ira tão já?

ANDRÔMACA

Que caminho meu golpe a ele conduzirá?
Mal no Epiro pus pé, dais-me por ministério
Ousar por minhas mãos derrubar um império;
Ordenais que um rei morra, e achais tempo bastante
Para tal golpe um dia, uma hora, um mero instante;
Devo sacrificá-lo ante o seu povo inteiro.
Mas deixai que ao altar o acompanhe primeiro;
Já não resisto; mas mister é que o lugar
Reconheça, onde após, vo-lo possa imolar.
Esta noite eu vos sirvo, esta noite ainda, enquanto...

HERMIONE

Neste dia ele esposa Andrômaca, entretanto;
No templo se acha já armado o nupcial trono,
Firmando-me a desonra, e a seu crime em abono.
Que esperais? se ele, até, se entrega a vossa empresa:
Marcha a essa festa só, sem guarda, sem defesa.
Toda ela destacou junto ao filho de Heitor,
E se abandona inerme ao aço vingador.
Quereis, vós, protegê-lo à força do perigo?
Vossos gregos armai, e os que vieram comigo.
Convosco estão: subleve a todos vossa voz:
Pirro nos burla, trai, despreza a todos nós.
Sim! deles todos, já, o ódio com o meu se irmana:
A contragosto poupa o esposo da troiana.
Não vos pode esse meu inimigo escapar,
Falai: trata-se só de deixá-los golpear:
Conduzi, ou segui o seu assanho certo:
Mas, com o sangue do ingrato, a mim voltai coberto;
Ide: em estado tal tudo esperai de mim.

Orestes

Mas, senhora, é pensar…

Hermione

Ah! senhor, basta enfim:
Meu brio ofendem já tanta objeção, receio.
De agradar-me, julguei a Orestes dar o meio,
Quis contentá-lo; mas, sem mais, é de ver
Que quer queixar-se sempre e nada merecer.
Levai a outras regiões essa fieldade mansa,
E deixai que arme eu mesma aqui minha vingança.
De vos favorecer eu tive a covardia,
Mas é aturar demais recusas num só dia.
Corro ao templo onde está, de Pirro, a união à vista,
Onde não ousais ir merecer-me a conquista.
Lá sei como achegar-me a ele e traspassar
O ingrato coração que ao meu se quis negar,
E o meu varando após, minha sangrenta mão
Consumará, enfim, de nosso fado a união.
Seja Pirro o que for, prefiro a perspectiva
De com ele morrer, a que convosco viva.

Orestes

Não, eu vos privarei desse prazer funesto;
Morrerá pela mão de Orestes, vo-lo atesto.
Ser-vos-á por mim só vosso imigo imolado;
Reconhecei-o após, se for do vosso agrado.

Hermione

Ide, pois; tudo mais deixai por minha conta,
E para a fuga esteja a vossa armada pronta.

Andrômaca

Cena IV

Hermione, Cleone

Cleone
Minha senhora, estais a vos perder: que alarme…

Hermione
Esteja a me perder ou não, penso em vingar-me.
Eu nem sei se, malgrado o que promete assim,
Devo entregar de Pirro o fado a outrem que a mim.
A seus olhos não é culpado como aos meus:
E meus golpes terei por certos mais que os seus.
Ah, que prazer vingar eu mesma a minha injúria,
Ver com o sangue do infiel a minha mão purpúrea,
E, aumentando-lhe mais a angústia, triunfante,
Velar minha rival a seu olho expirante!
Pudesse ao menos dar-lhe, com a expiação legítima,
Orestes a saber que morre minha vítima!
Vai: que sem falta dê a entender ao malvado
Que ele a meu ódio, e não à Grécia, é imolado.
Corre: minha vingança eu terei por perdida,
Se ignorar ao morrer ser eu quem o trucida.

Cleone
Vossas ordens, senhora, em tudo seguirei.
Mas que estou vendo? ah, céus! quem o crera? é o rei!

Hermione
Ah, vai correndo! alcança Orestes, vai, Cleone!
Nada deve empreender sem que reveja Hermione.

Cena V

Pirro, Hermione, Fênix

Pirro

Vejo que ao vir a vós, princesa, sem licença,
Turbou vosso colóquio aqui minha presença.
Sobre a minha injustiça eu não venho, entretanto,
De um indigno artifício apor o falso manto.
Basta que me condene intimamente o seio,
E muito mal diria aquilo que não creio.
Sim, senhora, eu desposo a troiana, e confesso
Que a vós já prometera a fé que lhe professo.
Diria outro, talvez, que os nossos pais, sem nós,
Nas planícies de Tróia ataram esses nós,
E que, sem consultar meu coração ou o vosso,
Forjaram, sem amor, comum destino nosso.
Mas a mim me bastou eu ter-me submetido,
E, por enviados meus, eu vos fui prometido;
Longe de os revocar, a tudo subscrevi;
Com eles eu vos vi chegar, senhora, aqui;
E ainda que de outro olhar o vitorioso brilho
Já ao poder do vosso opusesse empecilho,
Fiz por me recusar à nova chama minha,
E em vos ser fiel teimei; assim, como rainha,
Vos recebi no Epiro, e cri até este dia
Que a fé jurada a vez do amor em mim faria.
Mas esse amor venceu, e em sua fatal teia
Andrômaca me arranca um coração que odeia:
Um pelo outro arrastado, aos altares corremos

ANDRÔMACA

De eterna fé e união trocar votos supremos.
De perjuro e traidor aplicai, pois, o selo,
A quem só o é com mágoa e, ainda assim, quer sê-lo.
Longe de reprimir de tão justa ira a voz,
Seus transportes me vão aliviar mais que vós.
Vossas exprobrações levai, pois, ao extremo:
Vosso silêncio, e não injúrias, é o que temo;
E mil vozes sutis, soando em meu coração,
Quanto menos direis, a mim mais me dirão.

HERMIONE

Vejo em tal confissão, no artifício remissa,
Que ao menos Pirro faz-se, a si mesmo, justiça.
E que, quando ele um nó tão solene suprime,
Se entrega em plena luz qual criminoso ao crime.
Será justo, afinal, que a um vencedor se peça
Curvar-se à lei comum de honrar sua promessa?
Não, vossa alma afinal sua perfídia revela,
E aqui vindes tão-só para jactar-vos dela.
Quê! numa ação que fé, dever e lei profana,
Requestar uma grega o amante da troiana,
Deixar-me, retomar-me, e da filha de Helena
Ainda à viúva de Heitor tornar com calma plena;
Coroar uma hora a escrava, outra, a princesa e, ufano,
Imolar Tróia à Grécia e os gregos ao troiano,
Isto é de um coração sempre senhor de si,
De um herói que a fé nega e das juras se ri.
Em preito a vossa esposa exigis que eu vos chame
Amiúde de traidor, de perjuro e de infame.
Vínheis de minha fronte observar o palor,

Para em seus braços rir depois de minha dor.
A seu carro quereis ver-me atrelada em prantos;
Mas seriam demais num dia gozos tantos.
A buscar glória nova, aliás, que vos induz?
Não vos bastam as mais a que já fazeis jus?
Do pai de Heitor golpeado o valor venerando;
Sua família toda a seus pés expirando,
Enquanto inda em seu seio o vosso aço funesto
De um sangue, que gelara a idade, busca o resto;
Tróia, em maré de fogo e sangue mergulhada;
Políxena por vós de morte traspassada,
Vossas tropas, até, ao ver-vos, de horror presas:
Que podemos negar a tão gloriosas proezas!

Pirro

Senhora, eu não ignoro o excesso de furor
A que a causa de Helena arrastou meu valor:
Posso queixar-me é a vós do sangue derramado;
Mas, enfim, consinto eu em riscar o passado.
Rendo graças aos céus que a vossa indiferença
De meu feliz ardor lave a culpa pretensa.
Meu coração, demais propenso a se acusar,
Devia conhecer-vos e se examinar.
Meu remorso vos foi mortal injúria, até:
Só pode crer-se infiel quem amado se crê.
Não visáveis reter-me em vossos nós, e em vez
De estar a vos trair, eu vos sirva, talvez;
E com dois corações, um a outro inadaptáveis,
Seguia eu meu dever, vós, o vosso acatáveis.
Nada vos induzia a amar-me, com efeito.

ANDRÔMACA

HERMIONE

Eu não te amei, cruel! e que mais tenho feito?
Reis, príncipes da Grécia eu rejeitei por ti;
Aos teus Estados mais longínquos te segui;
É onde estou, a aturar ainda a tua inconstância
E a envergonhar os meus com a minha tolerância.
À minha injúria impus silêncio, e à sua revolta,
Cria em segredo ver de um perjuro ainda a volta,
Que virias um dia, ao teu dever rendido,
Volver-me o coração que ao meu era devido.
Se inconstante te amei, que não faria eu, fiel?
E neste instante, até, que o teu lábio cruel
Com tal tranqüilidade a morte me proclama,
Ainda meu coração duvida se não te ama.
Mas, senhor, seja assim; já que dos deuses a ira
A glória de agradar-vos a outro olhar inspira,
Concluí vosso himeneu, porém, que não me imponha
De lhe ser testemunha, ainda, Pirro a vergonha.
É a derradeira vez, presumo, que vos falo:
Sereis livre amanhã, podeis de um dia adiá-lo.
Não respondeis? Traidor, nem ouves o que digo!
Contas cada momento aqui gasto comigo.
Teu coração, no afã de rever tua amante.
Foge a que te entretenha uma outra um mero instante.
Chama-a a tua alma infiel, procura-a o teu olhar.
Não te retenho mais, foge deste lugar;
Vai lhe jurar a fé que me havias jurado;
Vai profanar dos céus o mistério sagrado:
Os deuses que na voz da justiça se inspiram
Recordar-se-ão que a mim iguais juras te uniram.

Leva o teu coração: que ante o altar me abandone;
Vai, corre; mas teme ainda encontrar lá Hermione.

Cena VI

PIRRO, FÊNIX

FÊNIX

Ouvistes, rei: convém que tudo aí se guarde
De uma amante em furor, que, por vingar-se, arde.
Demais gente aqui há que a sustenta; a querela
Dos gregos é ligada intimamente à dela;
Talvez que a Orestes, que a ama, em prêmio a seu auxílio...

PIRRO

Andrômaca me espera. E tu, guarda o seu filho.

QUINTO ATO

Cena I

HERMIONE

Onde é que estou? que fiz? que mais farei agora?
Que delírio arde em mim, que mágoa me devora?
Corro neste palácio, o intuito a tudo alheio,
Errante, sem saber se eu amo ou se eu odeio.
Como o cruel me ouviu! com que impassível rosto!
Sem ao menos fingir algum dó ou desgosto!
Vi-o, ai de mim! um só momento comovido?
Pude dele tirar um único gemido?
Alheio à minha dor, a fronte e a voz serenas,
Cônscio nem parecia estar de minhas penas.
E ainda me compadeço, e por auge de enfado
Meu coração covarde ainda liga a seu fado!
Tremo só ao pensar no destino que o ameaça;
Destruindo-o, inda é afã meu que mercê se lhe faça!
Não, que a seu justo fim minha ira não se esquive:
Morra! aliás, para nós o ingrato já não vive.
Pérfido! a triunfar, do meu furor se ri:
Desfeito em choro, já, crê ver meu frenesi;

Crê que sempre com fraco e incerto coração,
Meu braço aparará os golpes da outra mão.
Vale ainda a seu olhar minha bondade antiga.
Mas que digo: o malvado a nada disso liga!
No templo a triunfar está, sem que lhe importe
Que alhures se deseje a sua vida ou morte.
Ele me deixa a mim tão funesto embaraço.
Não, não, mais uma vez, de Orestes vingue o braço.
Pereça, já que enfim devia ele prevê-lo,
E já que me obrigou finalmente a querê-lo...
Eu, a querê-lo? Como! ordenei eu tal feito?
Sua morte será do amor de Hermione efeito?
O príncipe de quem minha alma se fazia
As proezas redizer com tamanha alegria,
A quem, no íntimo, já, me destinara eu
Antes que se concluísse este triste himeneu;
Terei por terra e mar transposto tanto espaço,
Para vir de tão longe armar o seu trespasso?
Perdê-lo, assassiná-lo? Ah! antes que pereça...

Cena II

HERMIONE, CLEONE

HERMIONE

Que fiz? Cleone, ah, vens narrar-mo? Dize-o, à pressa,
Que há? Pirro...

CLEONE

No auge está do encanto; dos mortais

ANDRÔMACA

Ele o mais orgulhoso e o apaixonado mais.
Vi-o conduzindo ao templo, ao povo todo à vista,
Como conquistador sua nova conquista;
E os olhos a brilhar de esperança e alegria,
Marchando, do prazer de vê-la se embebia.
Em meio a aclamações que a turba ao ar eleva,
Andrômaca, até o altar, de Tróia a visão leva;
De amor, de ódio, incapaz, sem queixa ou regozijo,
Só à cega obediência entrega o passo rijo.

HERMIONE
Levou o ultraje, pois, até o último instante!
Mas dize, não pudeste observar seu semblante?
De fruir prazer perfeito e tranqüilo é capaz?
Nem uma vez desviou os olhos para trás?
Dize-me, não te tens, Cleone, ante ele posto?
Não se ruborizou, quando te viu, seu rosto?
Seu susto confessou sua negra inconstância?
Sustentou até o fim a pérfida arrogância?

CLEONE
Senhora, nada vê: segurança, honra, glória,
Convosco hoje lhe têm saído da memória.
Súdito ou inimigo, ignora quem o segue,
E do amoroso afã tão-só o alvo persegue.
Junto ao filho de Heitor destacou sua guarda,
E julga que é a ele, só, que algum perigo aguarda.
Fênix vela-o, e o levou, sem perda de um instante,
A um forte, do palácio e templo o mais distante.
É só do que ainda cuida em seu ardor feliz.

RACINE

HERMIONE
Pérfido! morrerá! E Orestes, que é que diz?

CLEONE
Com seus gregos, no templo, Orestes entrou já.

HERMIONE
E então? por me vingar, preparado ele está?

CLEONE
Ignoro-o.

HERMIONE
O ignoras? Como? É Orestes quem agora
Está a me trair?

CLEONE
Orestes vos adora.
Mas com remorsos mil a acirrar-lhe a inquietude,
Crê ora em seu amor, ora em sua virtude.
Do diadema régio em Pirro a aura venera;
Venera Aquiles nele, e o Pirro de outra era;
Teme o universo, teme os gregos, e também
Diz que temor maior ainda a si mesmo tem.
Provera-lhe imolar-vos Pirro em árdua guerra!
Mas, de assassino, já o nome o espanta e aterra.
Entrou, pois, sem saber em seu peito abalado
Se espectador de lá sairia ou culpado.

HERMIONE
Não, não, ele os verá triunfar sem obstáculo;

ANDRÔMACA

Guardar-se-á de turbar em nada esse espetáculo.
Vejo de que remorso está fazendo alarde.
Só a morte é o que está a temer o covarde.
Quê! sem que minha mãe a um rogo recorresse,
A Grécia inteira pôs de pé seu interesse;
Pôde em dez anos ver de combates renhidos,
Perecer vinte reis dela desconhecidos;
E eu, pela morte só de um perjuro porfio,
E o encargo de vingar-me a um amante confio;
Pode me conquistar, dest'arte, sem perigo;
Dou-me eu mesma, e ainda assim, vingar-me não consigo!
Não! justiça far-me-ei eu mesma, a mais abrupta.
Que de gritos de dor o templo repercuta!
Desse himeneu fatal perturbemos o evento,
E dure a sua união apenas um momento.
Já não escolherei num desvario destes:
Verei em tudo Pirro, e até no próprio Orestes.
Morrendo, a minha morte ainda me vingará;
Não morrerei sozinha e alguém me seguirá.

Cena III

ORESTES, HERMIONE, CLEONE

ORESTES

Vossa ordem se cumpriu, senhora, e estais servida:
Pirro exala ao altar sua inconstante vida.

HERMIONE

Morreu!

Orestes

Expira, sim: e dos gregos a fúria
Em seu sangue lavou seu crime e vossa injúria.
Prometera-o; e apesar de encarar com protesto
Meu brio essa conjura e o seu quadro funesto,
Para o templo corri, onde em grupos diversos
Nossos gregos do altar se acercaram, dispersos.
Pirro me conheceu, mas sem mudar de face:
Era como se o ver-me a audácia lhe aumentasse;
Como se, desafiada em seu embaixador,
A Grécia do himeneu lhe alçasse ainda o esplendor.
Com transporte, por fim, erguendo-a ele em pessoa,
Sobre a fronte assentou a Andrômaca a coroa:
"Meu cetro e minha fé, disse ele, eu vos confiro,
"Andrômaca; reinai sobre mim, sobre o Epiro.
"Como a um pai me será o vosso filho caro
"E à sua mãe, o juro, ante os céus o declaro:
"Por inimigos meus todos os seus terei,
"E dos troianos Pirro hoje o proclama rei."
A essa fala que o povo aos vivas sufragava,
Dos nossos se elevou clamor de fúria brava;
Num ai, de seu assanho, a onda o infiel envolveu,
E lugar não achei já para um golpe meu.
Cada qual de abatê-lo a honra chamava a si;
Um tempo a debater-se em suas mãos o vi,
Aos golpes esquivar-se, mas, todo sangrento,
Junto ao altar tombou com moribundo alento.
Rompi do povo a massa imóvel, do horror presa,
Para ao porto daqui levar minha princesa,
E com ela esperar os amigos que ali
Virão rubros do sangue, ainda, que prometi.

Andrômaca

Hermione

Que fizeram!

Orestes

Perdoai a impaciente investida:
Vossa vingança, admito-o, assim julgais traída;
Quisestes que eu primeiro os golpes assestasse,
Que sentisse ao morrer dever-vos seu trespasse.
Mas fui eu cujo ardor a eles serviu de exemplo:
Fui eu que os arrastei por vossa causa ao templo,
Senhora, e vos podeis gabar neste momento
De um fim a que tão-só serviram de instrumento.
O golpe só de vós…

Hermione

Cala-te, infortunado,
E a ti só atribui teu monstruoso atentado.
Vai, e faze admirar aos gregos teu furor;
Renego-o eu, e revolta é o que me influis, e horror,
Bárbaro, que fizeste! e com que feroz lida
Ousaste interromper uma tão bela vida?
Pôde-o imolar, cruéis, o vosso golpe atroz,
Sem que se sublevasse o coração em vós?
Mas fala: quem te fez árbitro de tal gesto?
Por que matá-lo? Enfim, que fez? Qual o pretexto?
Quem t'o disse?

Orestes

Altos céus! há pouco, à minha face,
Não me ordenastes vós, vós mesma, o seu trespasse?

HERMIONE

E devias crer, tu, na insânia de uma amante?
Não me podias ler no peito mais avante?
E não viste que em meio à minha fúria louca
Meu coração vivia a desmentir-me a boca?
E, quando o quisesse eu, devias tu aceitá-lo?
Não devias me ouvir cem vezes reafirmá-lo?
Tu mesmo, antes do golpe, ainda vir consultar-me,
E mais tornar a mim, ou antes, evitar-me?
Quem te fez assumir minha vingança aqui?
Que te traz a um lugar onde fogem de ti?
Cruel, de teu amor é o detestável fruto:
Trazes-me a maldição que te segue em tributo.
Fê-lo a tua embaixada, a ambos nós fatal,
Para mal seu, pender para a minha rival.
Votaria, a ambas nós, ainda os tratos amenos;
Amar-me-ia, talvez; ou fingi-lo-ia, ao menos.
Adeus. Vai, podes ir. Não esperes que eu parta:
Grécia renuncio, a seu império, a Esparta,
A toda a minha estirpe, e a mim, traidor, me basta
Que o monstro que és gerasse, e a sua alma nefasta.

Cena IV

ORESTES

Que vejo? é Hermione? Céus! que foi que ouvi aqui?
Por quem é que ainda corre o sangue que verti?
Um monstro sou, se a creio, um assassino horrendo.
Sou eu Orestes? Pirro é quem está morrendo?

ANDRÔMACA

Céus! da razão sufoco o ditado em meu peito,
Com mágoa imolo um rei que venero e respeito,
Violo num só dia o jus dos soberanos,
Embaixadores, mais, de todos os humanos,
Dos céus a cujo altar meu assanho o trucida,
Sacrílego tornei-me, traidor, parricida:
E uma fúria é por quem esposo crimes tais,
Que, inda que ele não morra, a mim não verá mais,
E que depois de ver sua sanha servida,
Torna a exigir de mim seu sangue e sua vida!
Ela o ama! e eu sou um monstro, uma alma vil, nefasta!
E vejo-a que de mim para sempre se afasta!
E fugindo me deixa a ingrata em paga aqui
Estes nomes fatais que por ela assumi.

Cena V

ORESTES, PÍLADES, *Soldados de* ORESTES

PÍLADES

Partirmos, meu senhor, cumpre que decidais,
Ou então resolver não sairmos jamais.
Nossos gregos estão defendendo ainda a entrada:
Persegue-nos o povo inteiro à mão armada.
Tudo aqui sob as leis de Andrômaca se alinha,
Por inimigos têm-nos, e a ela, por rainha.
Andrômaca, ontem ainda a Pirro tão rebel,
Rende-lhe obrigações, hoje, de viúva fiel;
Que o vinguem, é o que ordena, e talvez seja a voz

Da vingança de Heitor ainda a clamar por nós.
Antes que o povo aqui nos cerque, é irmos, portanto;
Virão os nossos, logo, a ter conosco, e enquanto
Hermione ao seu redor prende ainda a multidão,
Saiamos sem perigo: eis nossa direção.

ORESTES

Não, a seguir Hermione, amigo eu não me esquivo:
À sua decisão final não sobrevivo.
Parti: do crime a culpa é minha e devo expiá-la.

PÍLADES

Hermione? Ora, senhor, cumpre-vos olvidá-la.
Como! de seu furor sempre objeto e instrumento,
No val dos mortos, ainda, ireis buscar tormento?
E deveis vós morrer porque ela está morrendo?

ORESTES

Morre? Céus! que ouço?

PÍLADES

Como? agora o estais sabendo?
Ao regressarmos cá, vimo-la no caminho;
Corria para o templo, inquieta, em desalinho.
Viu Pirro e a sua guarda a carregá-lo, exangue,
Que excitava à vingança a vista de seu sangue.
Decerto lhe inflamou o delírio a visão;
E, do alto dos degraus, com um punhal na mão
Vimo-la sobre Pirro enfim se debruçar,
Erguer a vista ao céu, traspassar-se e tombar.

ANDRÔMACA

ORESTES

Ó céu, tu que em golpear-me, o auspício me ultrapassas!
A esta tua constância Orestes rende graças!
Empenhado sem trégua em me infelicitar,
Fizeste-me atingir o auge, enfim, do pesar;
Tomou prazer teu ódio em me votar à dor;
Nasci para servir de exemplo a teu rigor,
Para ser do infortúnio um modelo perfeito.
Pois bem, cumpriste o intuito e morro satisfeito.
Onde estão? desses dois mais me alegre o himeneu:
É mister que me afogue em seu sangue, no meu;
Que contemple ao morrer aquele par de amantes,
E una três corações em vida discordantes.
Mas súbito me envolve, ah, que negror espesso!
Por que lado sair? Com que pasmo estremeço?
Que faz com que ante mim visões de horror se borrem?
Céus! que rios de sangue ao meu redor escorrem!

PÍLADES

Ah, príncipe!

ORESTES

Quê, Pirro, ainda torno a encontrar-te!
Verei esse rival que odeio em toda parte?
De cem golpes crivado, ainda assim te tens salvo?
Toma mais este aí: guardei-o para esse alvo.
Mas que estou vendo! Hermione à minha vista o abraça!
Ela vem arrancá-lo à investida que o ameaça.
Céus! lança sobre mim, ah, que olhares medonhos!
Que arrasta atrás de si? que répteis, que demônios?

RACINE

Vós, filhas do Orco, então, vossas mãos não vacilam?
Que serpentes, pelo ar, por sobre vós sibilam?
O horror que vos escolta, a quem o destinais?
Vindes arrebatar-me às trevas eternais?
Cumpre que à vossa fúria Orestes se abandone,
Pronto estou. Não! parti, deixai agir Hermione:
Melhor que vós me vai a ingrata espedaçar,
E o coração lhe levo enfim a devorar.

PÍLADES

Perde os sentidos. Urge, amigos, afastá-lo.
Salvemo-lo: nos deixa instantes este abalo.
Seriam vãos quaisquer esforços empreendidos
Se recobrasse aqui a fúria com os sentidos.

FIM

BRITÂNICO

TRAGÉDIA EM CINCO ATOS

PERSONAGENS

NERO — *imperador, filho de Agripina*
BRITÂNICO — *filho do imperador Cláudio e de Messalina*
AGRIPINA — *viúva de Domicius Aenobarbus, pai de Nero, e em segundas núpcias, viúva do imperador Cláudio*
JÚNIA — *amada de Britânico*
BURRUS — *preceptor de Nero*
NARCISO — *aio de Britânico*
ALBINA — *confidente de Agripina*
Guardas

A cena passa-se em Roma,
num aposento do palácio de Nero.

PRIMEIRO ATO

Cena I

AGRIPINA, ALBINA

ALBINA

Enquanto Nero frui do repouso o abandono,
Vindes vós esperar seu despertar do sono?
Sem guarda e escolta, a sós, a mãe de César erra
Pelo palácio e vela esta porta que o encerra?
Senhora, retornai ao vosso apartamento.

AGRIPINA

Não; não me devo, Albina, afastar um momento.
Quero esperá-lo aqui: a mágoa em que me lança
Bastante há de ocupar-me enquanto ele descansa.
Por fim manifestou-se o que há tempo assevero:
Contra Britânico, hoje, expõe o intuito Nero.
Nero afasta, impaciente, escrúpulos que o algemam,
E farto já de ver-se amado, quer que o temam.
Britânico o incomoda, e de modo distinto
Que logo hei de, eu, também, ser-lhe importuna, eu sinto.

ALBINA

Vós, a quem Nero deve o dia que respira?
Vós, cuja mão de longe ao trono o conduzira,
Quando, ao filho de Cláudio obstando o justo auspício,
César se viu, por vós, feito o feliz Domício?
Tudo lhe fala aqui em favor de Agripina:
Deve-vos seu amor.

AGRIPINA

   Ele m'o deve, Albina:
Tudo, se é generoso, impõe-lhe seja assim;
Mas tudo, se é ingrato, incita-o contra mim.

ALBINA

Senhora, se é ingrato? expõe sua conduta
Sua alma do dever ter noção absoluta.
Em três anos, em Roma, algo tem dito ou feito,
Em que não se mostrasse imperador perfeito?
Durante o seu reinado, à era do Consulado,
Roma, grata e feliz, julga ter retornado.
Governa-a como pai. Enfim, o jovem Nero
Tem, pelo bem, do ancião Augusto o zelo austero.

AGRIPINA

Não me inspira o interesse um julgamento injusto:
Começa ele, em verdade, onde acabou Augusto;
Mas temas que, o futuro anulando o passado,
Não termine onde houvera Augusto começado.
Disfarça em vão: no rosto espelha, em fiel imagem,

BRITÂNICO

Dos Domícios, seus pais, o humor triste e selvagem;
Junta ao orgulho mor com que seu sangue o imbuiu,
Dos Neros a altivez, que ele em meu flanco hauriu.
Sempre é de auspícios bons que a tirania assoma:
Foi Caio, por um tempo, as delícias de Roma;
Mas, transformando em fúria as doçuras fictícias,
Roma feitas horror viu as suas delícias.
Pouco me importa, aliás, que mais fiel na atitude,
Nero legue ao porvir uma longa virtude.
Ter-lhe-ei posto em mãos, eu, a condução do Estado,
Para que reine ao ver do povo e do senado?
Da pátria, ah! se o quiser, como pai se revele:
Mas mais se lembre o ser Agripina mãe dele.
Do que se apelidar, ademais, o atentado
Que nos tem o raiar do dia revelado?
Sabe, já que esse amor a todo olhar se impunha,
A adoração que tem Britânico por Júnia:
E o mesmo Nero, a quem tanto a virtude agrada,
Faz com que seja Júnia alta noite raptada!
Que pretende? é amor? é ódio o que o inspira?
Prazer do mal? ou têm-lhe o ciúme e o orgulho em mira
Provar que não verá, sem que neles a puna,
A ajuda que lhes dei e que acha inoportuna?

ALBINA

Vossa ajuda, senhora?

AGRIPINA

Ah, pára, cara Albina.
Bem que o sei: somente eu lhes adiantei a ruína;

Britânico, eu, tão-só, privei da imperial tiara,
Do trono pátrio ao qual seu sangue o destinara;
Ao ver da união com Otávia a esperança destruída,
Por mim só o irmão de Júnia abandonou a vida,
Silano, a quem quis Cláudio outorgar nó tão justo,
E que entre os seus avós contava o próprio Augusto,
Nero desfruta tudo: e por prêmio e esperança,
Entre ele e eles, devo eu empunhar a balança,
A fim de que igualmente um dia, em meu auxílio,
Britânico a segure entre mim e meu filho.

ALBINA

Que intuito!

AGRIPINA

Na borrasca atenho-me a esse esteio:
Nero me escapará, se não sentir-lhe o freio.

ALBINA

Mas contra um filho armar tão supérfluo interesse!

AGRIPINA

Temeria-o a ele, eu, já, se ele a mim não temesse.

ALBINA

Talvez se justifique o alarme que em vós gera:
Mas Nero para vós, não sendo já o que era,
Ao menos não chegou essa mudança a nós,
E o segredo ficou entre César e vós.

BRITÂNICO

Por mais honras e dons que Roma lhe conceda,
Algo há que à sua mãe Nero também não ceda?
Pródigo neste amor, só para si, que toma?
Tão santo como o dele é o vosso nome em Roma.
A triste Otávia só recordam ainda a custo,
E honrou menos a Lívia o vosso avoengo Augusto.
Nero fez que ante vós marchem, por novas leis,
Os feixes imperiais coroados de lauréis.
De mostrar gratidão maior terá o ensejo?

AGRIPINA

Menos respeito e mais confiança, Albina, almejo.
Não deixam de irritar tais honras meu despeito:
Mais crescem, mais se vê meu crédito desfeito.
Nero deixou de ser o jovem, já, que outrora
Me transferia os dons de uma corte que o adora;
Quando me punha em mãos a direção do Estado,
Minha ordem no palácio agregava o senado,
E que invisível, mas, atrás de um véu presente,
Desse ilustrado corpo a alma era eu, prepotente.
Quanto ao favor de Roma ainda algo na incerteza,
Não inebriara a Nero então sua grandeza.
O triste dia não me sai mais da memória,
Em que se deslumbrou enfim com a própria glória,
Quando os enviados reais deste Império disperso
Vieram render-lhe preito em nome do universo.
Junto a ele ia ocupar o meu lugar no trono:
Não sei que aviso influiu para o meu desabono;
Mas, assim que me viu, distante ainda, no rosto
Deixou transparecer Nero ares de desgosto.

Minha alma logo leu naquilo um triste auspício
Mas, dando à injúria a cor de um respeito fictício,
O ingrato a mim correu, de antemão, e a abraçar-me,
Afastou-me do trono em que estava a assentar-me.
Após tão fatal golpe o poder de Agripina,
Pressagiando o seu fim, dia a dia declina.
E a corte, a desprezar-lhe o mísero vestígio,
De Burrus, só, implora, e Sêneca, o prestígio.

ALBINA

Se o vosso coração essa suspeita acata,
Por que nele nutris veneno que vos mata?
Com César ide ter: explicações vos dê.

AGRIPINA

Sem testemunhas Nero há tempos não me vê.
Em público, à minha hora, às audiências me citam.
Suas respostas, mais, seu silêncio lhe ditam.
Dois guardiões vejo, um e outro os seus como os meus amos,
A presidir a todo encontro. É assim. Mas vamos;
Mais o perseguirei quanto evitar-me quer:
Usar a confusão do momento é mister.
Ouço ruído, abrem já; entremos de repente
Exigir que as razões desse rapto apresente
E o enigma exponha à luz que no íntimo lhe mora.
Mas como! Burrus sai do quarto já!

BRITÂNICO

Cena II

AGRIPINA, BURRUS, ALBINA

BURRUS

Senhora,
Mandou-me o imperador em seu nome informar-vos
De uma ordem que talvez fosse própria a alarmar-vos,
Mas que de reflexão sagaz foi precedida,
E da qual César quis que vós fósseis instruída.

AGRIPINA

Entremos, já que o quer: melhor me há de informar.

BURRUS

César se subtraiu um tempo a nosso olhar.
Por uma porta, já, de acesso mais discreto,
Uns cônsules vos têm antecipado o objeto.
Mas permiti que eu volte e aufira o privilégio...

AGRIPINA

Não; não vou perturbar algum segredo egrégio;
Mas quereis que entre nós menos constrangimento
Nos permita uma vez falar sem fingimento?

BURRUS

Burrus sempre sentiu pela mentira horror.

AGRIPINA

Pretendeis me ocultar mais tempo o imperador?

Só poderei eu vê-lo ainda como importuna?
E por vos ter tão alto elevado a fortuna,
Pondes de uma barreira entre nós o empecilho?
Não vos ousais fiar um momento em meu filho,
E entre vós disputais, Sêneca e vós, a glória
De quem de mim primeiro aliviar-lhe-á a memória?
Para torná-lo ingrato é que vo-lo-ei confiado,
E para que chefieis, vós, em seu nome o Estado?
Pense eu quanto quiser, mas não se me afigura
Que me ouseis vós tomar por vossa criatura,
Vós, que eu pude deixar fenecer na ambição
Das obscuras funções de uma qualquer legião;
E eu, que segui no trono os meus antecessores,
Eu, filha, esposa, irmã, mãe de vossos senhores!
Que pretendeis? Julgais que minha voz talvez
Fez um imperador para me impordes três?
Nero é criança? Exigis que de reinar prescinda?
Até quando quereis ele temer-vos ainda?
Que enxergue só por vós? por olhos emprestados?
Não tem, para orientar-se, os seus antepassados?
Acate ele de Augusto ou de Tibério a luz;
Imite, se o puder, meu pai Germanicus.
Entre tantos heróis não me ouso colocar;
Mas virtudes inda há que lhe posso traçar,
E ao menos lhe ensinar quanto a sua confiança
Deve, entre um súdito e ele, assegurar distância.

BURRUS

Senhora, encarregado eu fui, nesta ocasião,
De apenas desculpar César daquela ação;

BRITÂNICO

Mas já que, sem que a explique, ordenais que me adiante
A ser-vos de sua vida em tudo mais garante,
Bem: falarei, então, com a rude liberdade
De um soldado que ignora o adorno da verdade.
Confiastes-me, de Nero, a juventude, é certo,
E devo esta lembrança à alma sempre ter perto.
Mas vos jurei traí-lo, e fazer desse jeito
Dele um imperador só à obediência afeito?
Não. Contas já não presto a vós, de quem é oriundo:
Já não é vosso filho, é o senhor do mundo.
Por ele só respondo ao império romano,
Que em minhas mãos crê ver o próprio bem ou dano.
Se dentro da ignorância era mister instruí-lo,
Sêneca tinham, só, e eu, para seduzi-lo?
Por que afastar então dele os aduladores?
Foi preciso trazer do exílio corruptores?
De Cláudio a corte, rica em gente oca e servil,
Por dois que se buscasse, ofertaria mil,
Que, todos a pleitear a honra de o envilecer,
Fá-lo-iam numa longa infância envelhecer.
Queixais-vos? Mas de quê? Roma vos tem respeito:
À mãe do imperador como a ele rende preito.
Se aos vossos pés não vem depor já diariamente
Seu império, e engrossar vossa corte presente,
Senhora, devê-lo-ia, e a sua gratidão
Poderá demonstrar só pela submissão?
Sempre tímido, sem que a humildade enfim dome,
Ousará ser Augusto e César só no nome?
Mas dá-lhe a própria Roma a aprovação devida.
Roma, inda há pouco a três libertos submetida,

Racine

Respirando afinal depois de um jugo fero,
Conta a sua liberdade a partir, só, de Nero.
Mais: nela até a virtude aos poucos reassoma;
De um amo já não é o espólio a imperial Roma;
O povo é quem no foro elege os magistrados;
Nero os seus oficiais sobre a fé dos soldados.
Tráseas, Corbulão, no exército, senado,
Com tanta fama, acaso é um deles condenado?
O deserto, povoado antes de senadores,
Hoje é habitado só pelos seus delatores.
Que importa o continuar César a crer em nós,
Contanto que o conduza à glória a nossa voz,
E enquanto no vigor de um reinar florescente
Roma for sempre livre, e César prepotente?
Mas Nero por si só sabe se conduzir.
Obedeço, sem ter a pretensão de o instruir.
Basta, como o dizeis, que os seus avós espelhe,
E que Nero a si próprio em tudo se assemelhe.
Possa assim sua virtude em favor dos romanos
Todo ano repetir os seus primeiros anos!

AGRIPINA

Assim, sem que confieis no que o futuro encerre,
Temeis, já, que sem vós, Nero em seus passos erre.
Mas, quando, satisfeito inda hoje com a vossa obra,
Dela vindes a mim vos vangloriar de sobra,
Explicai-nos por que, raptor feito e tirano,
Nero ao palácio, à força, a irmã traz de Silano?
Em Júnia quer marcar, com súbita ignomínia,
O sangue em que esplendece a minha ancestral linha?

Britânico

De que está a acusá-la, e qual é o atentado
Que num dia a tornou criminosa de Estado?
Ela, que, criada à sombra em seu retiro austero,
Se a não raptasse, nem conheceria Nero,
E talvez por feliz privilégio contasse
O favor de jamais o encontrar face a face?

Burrus

Sei que de crime algum, senhora, ela é suspeita;
Nenhuma acusação lhe foi por César feita.
Neste palácio, algo há que os olhos dela fira?
A antepassados seus aqui tudo respira.
Direitos que em si traz poderão, sabeis disso,
Fazer do seu esposo um príncipe insubmisso,
E de César tão-só se deve o sangue aliar
A quem César julgar conveniente o confiar.
Haveis de concordar que não seria justo
Sem ele, se dispor da sobrinha de Augusto.

Agripina

Compreendo, pois: por vós, Nero é quem me anuncia
Que em minha escolha em vão Britânico se fia.
Que em vão, a lhe desviar do triste fado a mira,
Afaguei-o com a visão do himeneu a que aspira;
Quer, para me humilhar, Nero hoje dar a ver
Que Agripina promete além do seu poder.
Roma, que alto demais meu favor tem em conta,
Deve desenganar-se enfim com esta afronta,
E o universo aprender, com surpresa e terror,
A não fundir num só meu filho e o imperador.

Bem, pode-o. Mas, convém, se ousar ainda exprimir-me,
Que ele antes de tal golpe o seu império firme,
E se me reduzir Nero à necessidade
De pôr contra ele à prova a minha autoridade,
Sua própria há de expor; pois talvez na balança
Meu nome pesará mais do que se lhe afiança.

BURRUS

Como, senhora, sempre a impugnar-lhe o respeito!
Nenhum passo dará que não acheis suspeito?
Do partido de Júnia o imperador vos crê?
De Britânico, em vós, ele uma aliada vê?
Vosso próprio inimigo amparais com alardes
Para mais um pretexto a dele vos queixardes?
E por qualquer rumor que vos chegue ao critério,
Pronta logo estareis a partilhar o império?
Sempre um a outro temeis, e cada um vosso abraço
Deve a elucidações ceder tão logo o passo?
Ah, deixai de um censor a triste diligência,
E afetai de uma mãe a fácil indulgência;
Friezas aturai, sem que com tal se alerte
A corte, e a advirtais vós, assim, que vos deserte,

AGRIPINA

E a quem ainda honrará o apoio de Agripina,
Se o próprio Nero é quem proclama a minha ruína?
Se de sua presença eu me vejo exilada,
Burrus de sua porta ousa vedar-me a entrada?

BURRUS

Senhora, posso vê-lo, é tempo que me cale,

BRITÂNICO

Só em vos desgostar minha franqueza vale.
A mágoa é sempre injusta: e todas as razões
Que não a afagam, mais lhe irritam suspeições.
Britânico vem vindo. Eu lhe cedo o lugar.
Com ele podereis lamentar seu pesar,
E talvez imputar tão triste resultado
A quem o imperador menos tem consultado.

Cena III

BRITÂNICO, AGRIPINA, NARCISO, ALBINA

AGRIPINA

Príncipe, aonde correis? Que pressa cega e aflita
Entre a corte inimiga assim vos precipita?
Que vindes procurar?

BRITÂNICO

Que venho procurar?
Céus! tudo o que perdi se acha neste lugar.
Júnia, de um vil tropel de bárbaros cercada,
Se viu indignamente a este paço arrastada.
Ai dela! de que horror não terá sido a presa,
Tão tímida ela, ao ver-se envolta em tal empresa!
Arrebatam-ma enfim. Separa ordem tão dura
Dois tristes corações que unia a desventura;
Temem que em mútua dor um a outro o testemunho
Dê, de lhe partilhar da mágoa e do infortúnio.

Racine

Agripina

Basta. A injúria também ultrajada me deixa,
E a vosso arroubo, já, se adiantou minha queixa.
Mas não viso a que possa uma cólera inerme
Do penhor que vos dei, agora desprender-me.
Calo-me. Se vos prouver mais me ouvir após,
Vou ter com Palas: lá, esperarei por vós.

Cena IV

Britânico, Narciso

Britânico

Narciso, e então? convém fiar-me nesta fala?
Por árbitro entre mim e seu filho tomá-la?
Não é ela, se em ti, creio, ainda a mesma Agripina
Que, ao desposar meu pai, dele selou a ruína,
E que, ao lhe ver da vida o termo demais lento,
Forçou, para os seus fins, seu derradeiro alento?

Narciso

Tanto faz. Como vós, se tem por ultrajada;
Tinha ela, em vos dar Júnia, a palavra empenhada;
Ligai vosso interesse, uni vossa aflição:
Com vossos ais ecoa este palácio em vão.
Enquanto aqui, com voz de súplica e de dor,
Semeardes queixas vãs em vez do terror,
Enquanto em meros sons vossa ira se embalar,
Sem dúvida, senhor, sempre heis de vos queixar.

Britânico

Britânico

Narciso, ah, sabes tu, se viso à servidão
Curvar por muito tempo ainda minha aptidão;
No golpe que sofri, se para sempre, ao trono
A que era destinado, eu renunciar tenciono.
Mas é que ainda estou só. Os que meu pai amava,
Desconhecidos são, que a minha queda entrava;
E afasta mais de mim a minha pouca idade
Os que no coração me têm fidelidade.
De um ano para cá que um pouco de experiência
Me deu de meu destino a dolorosa ciência,
Cerca-me quem, se não traidores, intrigantes,
De cada passo meu testemunhas constantes,
Gente que Nero induz a tão baixo comércio,
Que, a trair-lhe de minha alma os segredos, exerce-o:
Revelam-lhe o que digo, o que faço, a toda hora;
De meus intentos mais ocultos, nada ignora;
Sabe tão bem quão tu o que em minha alma se acha.
Vê, Narciso!

Narciso

Haverá criatura tão baixa…
Deveis vós escolher amigos mais discretos,
E deixar de espalhar sentimentos secretos.

Britânico

Narciso, tens razão; mas esta desconfiança
De um nobre coração sempre é a última lembrança;
Custa desenganá-lo. Embora! aqui é preciso,
E doravante fiar-me-ei só em ti, Narciso.

RACINE

Já meu pai me afiançara, outrora, de teu zelo:
E dos seus fiéis, só tu, continuas sempre a sê-lo;
Sobre o meu proceder, teus olhos sempre abertos
Me hão salvo, já, de mil escolhos encobertos.
Vai, pois; vê se o rumor desta última tormenta
Hoje em amigos meus novo ânimo fomenta;
Observa o seu olhar, seu proceder, discurso;
Vê se posso esperar deles um leal concurso.
Mormente no palácio observa com presteza
De que arte faz guardar, Nero, a minha princesa:
Vê se seu lindo olhar se refez do perigo,
E se lhe é facultado entrever-se comigo.
Vou ter com a mãe de Nero, e com Palas, agora;
Que meu pai, como a ti, liberto houvera outrora;
Vou vê-la, exacerbar-lhe ainda a ira, e se o puder
Empenhar-me em seu nome, e mais do que ela quer.

SEGUNDO ATO

Cena I

NERO, BURRUS, NARCISO, GUARDAS

NERO

Sim, Burrus: apesar de suas injustas brigas,
É minha mãe e quero ignorar-lhe as intrigas.
Mas o ministro audaz que se atreve a açulá-las,
Nem ignorar mais vou, nem tolerar. É Palas,
Quem, com discursos seus, minha mãe envenena,
Seduz o meu irmão Britânico e m'o aliena.
Ouvem só a ele: e quem os passos lhes trilhasse,
Talvez sob o seu teto agora os encontrasse.
Basta disso. É mister que a ligação lhes parta:
Que se afaste daqui. Mais uma vez, que parta;
Ordeno-o; e que, ao findar-se deste dia a soma,
Ele já não se encontre em minha corte ou em Roma.
Ide: em razão de Estado importam ordens tais.
(aos guardas)
Narciso se aproxime. E que saiam os mais.

RACINE

Cena II

NERO, NARCISO

NARCISO

Senhor, em vossas mãos, penhor dos vossos planos,
Júnia o garante hoje é do resto dos Romanos.
Com Palas foram ter vossos tristes opoentes,
Chorando a decepção de seus fins impotentes.
Mas que vejo? Vós mesmo assombro aparentais.
Em aflição maior que Britânico estais.
Que augura à minha vista esse obscuro pesar,
E, errante pelo espaço, esse sombrio olhar?
A fortuna vos ri: flui toda a vosso agrado.

NERO

Narciso, deu-se: Nero está apaixonado.

NARCISO

Vós!

NERO

De hoje; mas até meu derradeiro dia.
Amo, que digo? a Júnia eu tenho idolatria.

NARCISO

A Júnia?

NERO

Num curioso afã que ressenti,
Esta noite, Narciso, a vi chegar aqui,

BRITÂNICO

Triste, olhos a brilhar de úmido pranto e alarmas
Por entre o refulgor dos fachos e das armas;
Formosa sem preparo e adorno, no abandono
Singelo de beldade arrebatada ao sono.
Não sei se a negligência em que lhe vi os dotes,
Os gritos, o silêncio, as trevas, os archotes,
Da guarda que a raptou o aspecto altivo e rude
Do olhar mais lhe realçava a meiga mansuetude,
Seja o que for, com tal visão transportado eu,
Quis lhe falar, Narciso, e a voz se me perdeu:
Imóvel e perdido em longo encantamento,
Deixei que ela passasse ao seu apartamento.
Ao meu me retirei, e ali, na solidão,
Da imagem dela eu quis, já, distrair-me em vão.
Presente a meu olhar, cria falar-lhe; encantos
Sentia até em fazer com que caísse em prantos.
Tarde demais, então, eu lhe implorava a graça:
Suspiros empregava e chegava até a ameaça.
Preocupado assim com este novo amor,
Meus olhos sem descanso esperaram o alvor.
Mas dela evoco aí demais formosa imagem:
A mim se apresentou com injusta vantagem;
Não achas?

NARCISO

Quê, senhor? crera-se, sem disfarce,
Que tanto tempo pôde a Nero ela ocultar-se?

NERO

Narciso, o sabes tu. Seja que me imputasse

Sua ira de seu mano o triste desenlace,
Ou que seu coração, em seu orgulho austero,
Sua beleza em flor invejasse até a Nero;
Mas fiel à sua dor e na sombra encerrada,
Ela se subtraía até a sua nomeada:
E é virtude tão rara e de que a corte é isenta,
Cuja constância mais a paixão me alimenta.
Quê! sem que possa ver-se, aqui, uma Romana
Que o meu amor não honre e torne mais ufana,
Que mal de olhar descobre o encanto e a força nova,
Não tente o coração de César pôr à prova;
A sós em seu palácio, alheia à corte minha,
Júnia essas honras tem tão-só por ignomínia,
E nem sequer talvez se digne se informar
Se César é galante, ou se ele sabe amar!
Dize: Britânico a ama?

NARCISO

O quê, senhor! se a ama?

NERO

Tão jovem, tem de si, ciência, e do que é essa chama?
De um olhar sedutor conhece ele o veneno?

NARCISO

Senhor, o amor nem sempre espera o juízo pleno.
Sem dúvida a ama. Instruído à luz dos seus encantos,
Afeito ao uso está dos ais, já, e dos prantos;
E, sabendo ajustar-se a seu menor desejo,
Talvez, de persuadi-la, houvesse tido ensejo.

BRITÂNICO

NERO
Como? crês que à alma dela imponha alguma lei?

NARCISO
Não sei, senhor, porém, sem dúvida isto eu sei:
Mais de uma vez, da calma ostentando o disfarce,
Em fúria oculta o vi deste sítio afastar-se;
Da corte que o esqueceu chorando a ingratidão,
Vossa grandeza odiando e a própria servidão,
Flutuante entre a impaciência, o temor e o despeito,
Ia ver Júnia, e é só: voltava satisfeito.

NERO
Tanto mais infeliz quanto talvez lhe agrade,
Hoje antes desejasse a sua inimizade:
Nero não há de ser ciumento impunemente.

NARCISO
Quê, vós, senhor? algo há que inquiete a vossa mente?
Júnia pôde ter dó, talvez, de suas penas.
Viu fluir só dele o pranto, ouviu seus ais apenas;
Mas quando hoje, senhor, o seu olhar aberto,
O brilho que irradiais mirando de mais perto,
Presos a vosso olhar vir reis sem trono, quando
Vir também seu amado entre eles, mendigando
Por entre a multidão de um vosso olhar o agrado,
Que sobre eles tereis ao acaso lançado;
Quando ela vos ouvir, deste ápice da glória,
Suspirando admitir sua própria vitória,
Dono de um coração, senhor, logo encantado,
Ordenai que vos ame e haveis de ser amado.

RACINE

NERO

Para quanta aflição é mister que me apreste!
Que enfado!

NARCISO

Ora, e há, senhor, quem algo vos conteste?

NERO

Tudo: Roma, Agripina, Otávia, em que se escude,
Burrus, Sêneca, enfim três anos de virtude.
Resíduos de amizade, aliás, não me comovem
Mais no que a Otávia toque ou a seu afeto jovem:
Meus olhos, fartos já de sua devoção,
Dignam-se rara vez presenciar-lhe a aflição.
Feliz, se de um divórcio, em breve, o grato efeito
Do jugo me aliviar, a que me vi sujeito!
Vê-se que os céus, até, se opõem à sua fortuna:
Há três anos que em vão seu rogo os importuna,
Recusam-se a levar sua virtude a peito:
De um sinal de favor negam-se a honrar seu leito;
Por um herdeiro espera o meu império em vão.

NARCISO

Por que tardais, senhor, em repudiá-la, então?
De Nero é o coração? é o império que ainda o entrava?
Por Lívia vosso avoengo Augusto suspirava;
Por um duplo divórcio uniram-se, e deveis
A esse feliz divórcio o império e os seus lauréis.
Tibério, que o himeneu pusera em sua família,
À face dele ousou repudiar a sua filha.

Britânico

Só vós, senhor, timbrais em não satisfazer
Por um divórcio, enfim, vosso justo prazer.

Nero

E não conheces ainda a impiedosa Agripina?
Preocupado, já, meu amor a imagina
Como me traz Otávia, e com olho inflamado,
De um nó que ela formou atesta o jus sagrado
E incrimina, a atingir-me mais o coração,
Minhas ingratidões em longa narração.
Enfrentar-lhe o furor, de que maneira o posso?

Narciso

Como, senhor, não sois seu amo como o vosso?
Sempre haveis de tremer sob a sua tutela?
Reinai por vós: demais reinastes já por ela.
Temeis o que diz? Não! não lhe temeis as falas;
Banistes justamente o presunçoso Palas,
Palas, de quem sabeis sustentar, ela, a audácia.

Nero

Ainda que longe dela ordene, implique, ameace-a,
De teu juízo sagaz os conselhos subscreva
E a desafiar-lhe o orgulho exigente me atreva:
Mas eu te exponho aqui minha alma nua à luz
Assim que ante ela o meu azar me reconduz,
Seja porque fugir não posso ainda ao poder
Dos olhos em que sempre eu lera o meu dever,
Ou porque inda em minha alma a fiel memória vive
Das vantagens sem-par que por mão dela obtive,

Mas não me serve já de nada o meu empenho
E encolhe-se, pasmado, ante o dela o meu gênio;
E, para me livrar desse jugo estupendo,
Fujo dela onde quer que esteja, e até a ofendo.
E às vezes ainda mais a cólera lhe irrito,
Para que de mim fuja assim como eu a evito.
Mas demais tempo aqui eu te retenho: ouvisse-o,
Britânico talvez suspeitasse o artifício.

NARCISO

Britânico, senhor, se entrega à minha fé:
Vejo-vos porque o ordena, é o que acredita, até,
E que, a informar-me aqui de tudo o que lhe toca,
Vossos segredos vai saber por minha boca.
Mormente de rever sua amada, impaciente,
Quer que para tal fim meu zelo tudo tente.

NERO

Consinto; com a feliz notícia a ele te envio:
Vai vê-la, sim.

NARCISO

        Senhor, longe dela bani-o.

NERO

Narciso, para tal tenho eu razões: é claro
Que o prazer de revê-la há de sair-lhe caro.
Vai: mais o teu ardil lhe louves, cuja audácia
Ilude em seu favor de Nero a perspicácia.
Julgue que eu nada sei. Abrem: é ela, já.
Vai procurar teu amo e o traze para cá.

BRITÂNICO

Cena III

NERO, JÚNIA

NERO

Turbais-vos? de expressão mudais? Senhora, indício,
Ledes, em meu olhar, de algum adverso auspício?

JÚNIA

Não vos posso ocultar, senhor, o meu error;
Eu ia ver Otávia, e não o imperador.

NERO

Senhora, ouço-o, e não é sem que o favor inveje
Que da feliz Otávia o alvo, só, elege.

JÚNIA

Quem, vós, senhor?

NERO

Julgais que há de, neste lugar,
Só Otávia olhos ter para vos contemplar?

JÚNIA

E a quem mais dirigir-me? a quem, senhor, imploro?
Com quem me hei de informar do atentado que ignoro?
Vós, senhor, que o punis, não o ignorais: do crime
De que acusada sou, por mercê vossa, instruí-me.

NERO

Será, senhora, acaso uma ligeira ofensa

Terdes-me tanto tempo ocultado a presença?
Tesouros com que o céu embelezar-vos quis,
Só para os sepultar é que, senhora, os fruís?
Sem receio, o feliz Britânico, entretanto,
Verá crescer seu fogo à luz de vosso encanto?
Porque é que desta glória até hoje excluído, eu, só,
Me haveis, em minha corte, exilado sem dó?
Diz-se ainda mais: que sem que assim vos ofendesse,
De seus votos ousou expor-vos o interesse:
Mas como hei de crer eu, que sem me consultar,
Quisesse a austera Júnia a ilusão lhe afagar,
Ou que anuísse em amar, ela, e em se ver amada,
E que disso me instruísse apenas a nomeada?

Júnia

Senhor, não negarei ter ele tido ensejos
De me expor de sua alma os íntimos desejos.
Não desviou seu olhar de uma infeliz menina,
Resto de ilustres pais tragados pela ruína.
Recorda-se, talvez, de que em mais grata era,
Por alvo de seu voto o seu pai me elegera.
Ama-me; acata a lei do imperador seu pai;
Nem – dizê-lo ouso – a vossa ou a de vossa mãe trai;
Vossos desejos são conformes sempre aos seus.

Nero

Seus planos minha mãe tem e eu me atenho aos meus
Mas não falemos mais de Cláudio e de Agripina;
Não é a sua escolha o que me determina.
De responder por vós é meu o encargo honroso;
E pretendo escolher eu próprio o vosso esposo.

BRITÂNICO

JÚNIA

Ah! pensai que será toda outra aliança ofensa
Aos Césares, senhor, a quem devo a nascença!

NERO

O esposo que escolhi para tão belos nós,
Pode sem pejo aliar aos vossos seus avós;
Podereis, sem rubor, aceitar sua chama.

JÚNIA

Quem é esse esposo, pois, senhor?

NERO

Eu, nobre dama.

JÚNIA

Vós!

NERO

Ouvir-me-eis dizer, senhora, um outro nome,
Surgindo um que alto mais do que o de Nero assome.
Sim, para alvo a que possa anuir vosso critério,
Com os olhos percorri a corte, Roma, o império.
Mas mais busco e mais vejo eu num feliz agouro,
Que outro não pode haver digno desse tesouro;
César, digno ele só de a glória aos pés lhe pôr,
Digno ele só de ser seu feliz possessor,
Só vos pode confiar aos braços soberanos
A que Roma entregou o império dos humanos.
Vós mesma consultai de vossa infância o brilho:

RACINE

Havia-a destinado, então, Cláudio a seu filho;
Mas num tempo isso foi em que do império inteiro,
Tinha ele ainda intenção de consagrá-lo herdeiro.
Declararam-se os céus. Sem ferir seu critério,
Cumpre-vos, ao invés, volver-vos para o império.
Ter-me-iam outorgado em vão esse presente,
Se o vosso coração dele estiver ausente;
Se não me acompanhar o encanto que em vós brilha;
Se, enquanto voto à lida, ao alarme, à vigília,
Dias que invejam sempre e sempre fatigantes,
Não posso a vossos pés respirar uns instantes.
Não vos influa Otávia algum triste presságio:
Roma, tanto como eu, vos dá o seu sufrágio,
Está a repudiá-la e me faz renegar
Um nó que os próprios céus se negam a abonar.
Meditai, pois, senhora, e em vós pesai a chama
Digna do resplandor do César que vos ama;
Digna do lindo olhar de que ele acata as leis,
E digna do universo a que vós vos deveis.

JÚNIA

Senhor, o que ouço, em mim, com razão, pasmo cria,
Como uma criminosa eu me vejo num dia
Arrastada a este sítio, e na hora em que com susto
Compareço ante vós, quando somente a custo
Ouso em minha inocência ainda me fiar,
De Otávia me ofertais de súbito o lugar.
Mas jus não fiz, permita-o Vossa Majestade,
Nem a essa honra sem-par, nem a essa indignidade,
Como quereis, senhor, que uma jovem como eu,
A qual, quase ao nascer, todos os seus perdeu,

BRITÂNICO

Que, imersa em sua dor, em solidão estrita
A virtude adotou que lhe iguale a desdita,
Passe sem transição desse negror profundo
A altura que ao olhar a expõe de todo o mundo,
Da qual não aturei de longe a claridade,
E de que uma outra, enfim, preenche a majestade?

NERO

Senhora, ouvistes já de mim que a repudio:
Menos modéstia tende, ou demonstrai mais brio.
Não vos cabe acusar-me de cegueira aqui;
Só eu por vós respondo; apenas consenti.
De vosso tronco ilustre acatando a memória,
Não tenteis preferir à soberana glória
De que investir-vos, hoje, é de César o intento,
A da recusa exposta ao arrependimento.

JÚNIA

Senhor, o céu me lê o pensamento fundo.
Não me enche de vaidade um brilho sem segundo:
De vosso dom mensuro a grandeza e o valor;
Mas quanto mais me fosse imbuir de resplandor,
Mais exporia à luz a vergonha certeira
Do crime de eu haver dele espoliado a herdeira.

NERO

É por seu interesse arvorar muito zelo;
Não pode da amizade ir mais longe o desvelo.
Mas o mistério é outro, e basta já de engano:
Muito mais do que a mana, aí vos move o mano:
Sim, Britânico é quem…

Racine

JÚNIA

Tocou meu coração,
Senhor; e de o ocultar, jamais tive a intenção.
É tal sinceridade, eu sei, pouco discreta;
Mas tão sempre o meu lábio, o que sinto, interpreta.
Da corte ausente, como havia eu de prever,
Que na arte de fingir, me devesse exercer.
Britânico amo, sim. De mim lhe deram fiança
Quando ainda seguir-se-ia o império àquela aliança:
Mas o mesmo revés por que foi afastado,
As honras que perdeu, seu paço abandonado,
A corte a que novo amo a deserção impunha,
Tudo isto laços são que a ele mais prendem Júnia.
Para o vosso prazer, senhor, tudo conspira:
Vosso olhar, diariamente, encantos novos mira;
Deles é o império inteiro a inesgotável fonte;
Mas, se algum dissabor vos enuvia a fronte,
No afã de os conservar, já com novo regalo
Todo o universo é quem se empenha em dissipá-lo.
Britânico está só. Quando a desgraça o oprime,
Só a mim vê, senhor, quem em seu transe o anime,
E só tem, por prazer, prantos que testemunho,
Com que, de vez em quando, alivia o infortúnio.

NERO

E esse pranto, senhora, é o que inveja em mim cria,
Que todo outro com a vida a Nero pagaria.
Mas quero lhe outorgar mais suave tratamento:
Convosco avistar-se-á daqui a um momento.

Britânico

Júnia

Ah! senhor! tive fé sempre em vossa virtude.

Nero

Barrar-lhe do palácio a entrada, sem mais, pude;
Mas, senhora, ainda assim quero pô-lo ao abrigo
De levá-lo, talvez, seu ódio a algum perigo.
Não tenciono arruiná-lo: e assim, convém, senhora,
Que ouça a sua expulsão dos lábios que ele adora.
Se a vida lhe prezais, bani-lo é a vossa senha,
Sem que do ciúme meu sequer suspeita tenha.
Assumi vós, tão-só de seu exílio a ofensa;
E, por vosso discurso ou vossa indiferença,
Seja o que for, entenda, e no tempo mais breve,
Ser mister que a esperança e o preito alhures leve.

Júnia

Como! eu lhe transmitir juízo tão adversário!
Cem vezes lhe jurou minha boca o contrário.
Ainda que eu me pudesse impor tal violência,
Lhe haviam de vedar meus olhos a obediência.

Nero

Senhora, eu vos verei, oculto ao lado ali.
No fundo coração vosso amor encobri:
Secreto idioma não tereis; hei de ver tudo:
Um vosso olhar que seja, ainda que o julgueis mudo;
E será sua morte o prêmio inabalável
De um gesto ou de um mero ai, que lhe for favorável.

Racine

Júnia

Ah, senhor! se minha alma ainda uma graça almeja,
Permiti, por mercê, que eu jamais o reveja!

Cena IV

Nero, Júnia, Narciso

Narciso

Britânico, senhor, indaga da princesa.

Nero

Venha.

Júnia

Ah, senhor!

Nero

Adeus. Sabeis sua defesa.
Mais do que eu, tendes vós, de salvá-lo, ora o ensejo:
Ao vê-lo, recordai, senhora, que eu vos vejo.

Cena V

Júnia, Narciso

Júnia

Narciso amigo, ah, corre! advertir teu amo urge;
Dize-lhe... Estou perdida! ei-lo que aqui já surge.

Britânico

Cena VI

Britânico, Júnia, Narciso

Britânico

Senhora, ah, que ventura a vós enfim me trouxe!
Poderei desfrutar um êxtase tão doce?
Mas, entre este prazer, que mágoa me devora!
Quando posso esperar de vos rever agora?
Furtarei ao acaso instantes inefáveis
Que a vosso servidor diariamente outorgáveis?
Que despertar! Que noite! Ah, céus! vossa inocência,
Vosso ar não desarmou desses maus a insolência?
Vosso amante, onde estava, e que invejoso demo
De perecer por vós, negou-me o bem supremo?
Ai de vós! entre os ais de vossos lábios tristes,
A vosso servo, mudo apelo dirigistes?
Minha princesa, a vós chamou-me o vosso alarme?
Dignastes-vos pensar na dor que íeis custar-me?
Calais-vos! Muda estais! Que gelo! Que acolhida!
Do conforto a meu mal, tão escassa é a medida?
Falai: estamos sós. Nosso imigo, iludido,
Se acha, enquanto eu vos falo, alhures entretido.
Valhamo-nos do dom dessa feliz ausência.

Júnia

Num sítio estais que imbui, todo, a sua onisciência:
O próprio muro, até, olhos, talvez, terá;
E nunca o imperador daqui ausente está.

RACINE

BRITÂNICO

Tão temerosa, vós? Senhora, desde quando?
Já vosso amor aquiesce a o estarem cativando?
Onde está o coração que, ardente, prometia
Que o nosso amor inveja a Nero até faria?
Mas afastai, senhora, o supérfluo receio:
Não se acha ainda a fé extinta em todo seio;
Minha ira, em todo olhar, lê aprovação clara;
Por nós, a própria mãe de Nero se declara.
Roma, que se ofendeu com o seu procedimento...

JÚNIA

Ah, senhor, renegais o vosso pensamento.
Recordai quanta vez tenho ouvido de vós
Que em seu louvor, de Roma, era unânime a voz.
Sempre vos vi render-lhe à virtude homenagem.
Sem dúvida vos dita a dor essa linguagem.

BRITÂNICO

Confesso que, de vós, este discurso admira:
Ouvir-vos seu louvor não era a minha mira.
Quê! quando em minha dor, ao vir a vós, mal furto
Um momento propício, esse instante tão curto,
Tão caro ao meu amor, senhora, é consumido
Em louvar o opressor por quem sou perseguido!
Quem vos torna a vós mesma adversa num só dia?
Mas como? Vosso olhar, senhora, silencia?
Que vejo? foge ao meu! encontrá-lo não posso!
Nero vos praz? Caí em desagrado vosso?
Se o cresse!... Ah, pelo amor dos céus! essas fatais

BRITÂNICO

Dúvidas explicai, que em minha alma lançais.
Falai. Já não estou, senhora, em vossa estima?

JÚNIA
Ide; o imperador, príncipe, se aproxima.

BRITÂNICO
Narciso, após tal golpe, algo mais me há de advir?

Cena VII

NERO, JÚNIA, NARCISO

NERO
Princesa...

JÚNIA
Não, senhor, nada mais posso ouvir;
Obedeci. Deixai correr um pranto, então,
Que os olhos dele já não testemunharão.

Cena VIII

NERO, NARCISO

NERO
Pois vês com que paixão seu amor se revela,
Narciso: à luz surgiu no silêncio, até, dela.

RACINE

Sim, ama o meu rival, já não posso ignorá-lo;
Mas terei meu prazer em mais desesperá-lo.
Evocar sua dor é imagem que me agrada;
Já o vi duvidar da fé de sua amada.
Sigo-a. Para queixar-se, o meu rival te espera:
Vai, com mais suspeições sua alma dilacera.
E, enquanto ao meu olhar Júnia o pranteia, o adora,
Faze pagar-lhe caro a dita que ele ignora.

NARCISO
(*só*)

Pela segunda vez acena-te a fortuna,
Narciso; hás tu de opor-te a essa voz oportuna?
Não! sigo-lhe até o fim as ordens favoráveis,
E que, em proveito meu, morram os miseráveis.

TERCEIRO ATO

Cena I

Nero, Burrus

Burrus
Palas submeter-se-á, senhor.

Nero
Burrus, com que olhos
Viu minha mãe criar a seu orgulho escolhos?

Burrus
Nem duvideis, senhor, de que esse golpe a atinja,
E que à moderação sua ira não restrinja.
Ameaçam se inflamar de há muito os seus atritos;
Possam se desfazer tão sempre em meros gritos!

Nero
Como! a julgais capaz de algum desígnio, até?

Burrus
Senhor, de temer, sempre Agripina é:

RACINE

Venera Roma inteira os seus antepassados;
O nome de seu pai vive em vossos soldados.
Sabe ela o seu poder; sabeis seu destemor;
Mas o que mais em mim gera apreensões, senhor,
É que vós lhe irritais a cólera e as alarmas,
E que estais, contra vós, a dar-lhe vós mesmo armas.

NERO

Eu, Burrus?

BURRUS

Esse amor, senhor, que vos empolga…

NERO

Ouço, Burrus. É um mal sem remédio e sem folga:
Tudo o que me direis, já eu m'o disse, e mais;
Mas devo amar enfim.

BURRUS

Isto é o que imaginais,
Senhor; julga vossa alma, a uma renúncia infensa,
Não resistir a um mal fraco em sua nascença.
Buscásseis do dever, no entanto, o austero abrigo,
Deixando de pactuar, já, com o seu inimigo;
Se de um jovem reinado evocásseis a glória;
Dignásseis-vos, senhor, reviver à memória
As virtudes de Otávia, indignas desse preço,
E o casto amor com o qual vos paga o desapreço;
E se, do olhar de Júnia evitando a influência,
Fadásseis vossa vista a alguns dias de ausência;

BRITÂNICO

Por mais que vos consiga esse amor encantar,
Não amará, senhor, quem não quiser amar.

NERO

Burrus, ouvir-vos-ei, quando, ao toque de alarmas,
Far-se-á mister cobrir de glória as nossas armas,
Ou quando, com mais calma assentes no senado,
Cumprir-nos-á amoldar os destinos do Estado;
Aí eu me fiarei, sim, em vossa experiência.
Mas podeis crer-m'o, o amor, Burrus, é uma outra ciência;
E haveria eu de opor certa dificuldade
A até lá rebaixar vossa severidade.
Adeus. Sofro demais, afastado de Júnia.

Cena II

BURRUS

Sim, Burrus, Nero enfim seu gênio testemunha:
Esse ânimo feroz que crias abrandar,
De tuas fracas leis está por se livrar.
De que excessos, talvez, assumirá o cunho!
Céus! com quem entender-me em tão grande infortúnio?
Sêneca, a quem cumpria apará-lo comigo.
Longe de Roma se acha e ignora este perigo.
Talvez, se, estimulando o afeto de Agripina,
Pudesse... Augúrio bom! para cá se destina.

Cena III

AGRIPINA, BURRUS, ALBINA

AGRIPINA

Então, Burrus, errei em minhas suspeições?
E vós vos ilustrais por insignes lições!
Palas vê-se exilado, e prêmio tal, aufere-o,
Talvez, por ter alteado o vosso amo ao império.
Não o ignorais; jamais, sem sua influência e auxílio,
Cláudio houvera adotado, a pesar seu, meu filho.
Que digo? à sua esposa estão dando u'a rival;
Nero estão a livrar do laço conjugal:
Quão digno de um ministro alheio a aduladores,
Nomeado para enfrear seus juvenis ardores,
Nutri-los, e inculcar a Nero sobre o trono,
Desprezo à sua mãe e da esposa o abandono!

BURRUS

Senhora, é prematura esta acusação vossa;
Nada o imperador fez que excusar não se possa.
Tão-só Palas culpai do exílio necessário:
Seu orgulho exigia há muito este salário;
E a contragosto impôs-lhe César um degredo
Que a corte toda, já, reclamava em segredo.
Não é o mais um mal que o tempo não rescinda:
Poderá se estancar de Otávia o pranto ainda.
Mas vossa ira acalmai, por mais suave caminho
Seu esposo, talvez, regresse a seu carinho.
Ameaças, gritos, mais lhe irritarão o gênio.

BRITÂNICO

AGRIPINA

Não! de fechar-me a boca em vão tendes o empenho.
Meu silêncio tão-só vossos desdéns redobra,
E é respeitar demais de minhas mãos a obra.
Não leva Palas todo o apoio de Agripina:
O que o céu me deixou há de vingar-me a ruína.
De Cláudio o filho, já, nutre ressentimento
Dos crimes dos quais tenho, eu, o arrependimento.
Levá-lo-ei às legiões; mostrarei aos soldados
Sua infância oprimida e auspícios usurpados.
Farei com que, como eu, expiem seu error.
De um lado a ele verão, filho de imperador,
Pleiteando a fé jurada a seu pai e à família,
E de Germânico hão de ouvir também a filha;
De Aenobarbo verão, por outro, o filho; aluno
De Sêneca, o orador, e Burrus, o tribuno,
Que ambos tirei do exílio, em suas mãos usurpando
À minha vista o sumo arbítrio e comando.
Nossos crimes comuns ante o mundo exporei;
Os trilhos pelos quais ao cume os elevei.
Para torná-lo, e a vós, odiosos mais, os boatos
Todos confirmarei: raptos, assassinatos,
Tudo o que houver de odioso e atroz: veneno, até….

BURRUS

Será, senhora, em vão; já não vos darão fé:
Recusarão a voz de quem, a todo o custo,
De culpar-se a si mesmo, usa o artifício injusto.
Quanto a mim, que apoiei primeiro o vosso plano,
Que em mãos lhe fiz jurar o exército romano,

Desse zelo sincero, em nada me arrependo.
É um filho que sucede ao pai que estamos vendo.
Ao adotá-lo Cláudio aceitou esse efeito:
Confundiu de seu filho e do vosso o direito.
Roma pôde escolhê-lo. Outrora, já, a Tibério,
Filho por adoção de Augusto, doara o império;
E Agripa, de seu sangue herdeiro e descendente,
Do trono excluído foi, de que era pretendente.
Seu poder, em tal base, hoje, estabelecido,
Nem por vós poderá já ser enfraquecido.
E, se ainda me ouvir, sua própria bondade
Há de anular em vós, senhora, essa vontade
Eu comecei, e vou continuar a minha obra.

Cena IV

AGRIPINA, ALBINA

ALBINA
Que arroubos, que transporte a mágoa de vós cobra,
Senhora! O imperador sempre o possa ignorar!

AGRIPINA
Ah, surgisse ele mesmo agora ao meu olhar!

ALBINA
Senhora, pelo amor dos céus, deixai-vos de ira.
Pelo zelo que a irmã ou o irmão vos inspira,
De vossa vida a paz é justo que imoleis?
Até em amores seus, Nero, constrangereis?

BRITÂNICO

AGRIPINA

Quê! não vês a que ponto isso me avilta já,
Albina? que é a mim que uma rival se dá?
Se não lhes rompo logo a união infortunada,
Ocupam meu lugar e já não sou mais nada.
Otávia, que até agora um vão título honrava,
Inútil sempre foi à corte que a ignorava:
A meus pés, mercês, dons, por mim só dispensados,
Traziam dos mortais os votos calculados.
Mas de César soube outra a afeição surpreender:
Ela terá de esposa e de amante o poder;
A pompa, a honra imperial, de tanto esforço o fruto,
Tudo, a um mero olhar seu, outorgar-se-á em tributo,
Que digo? estou já só: fogem-me… Ah, não tolero
Tal pensamento, Albina, e Nero, o ingrato Nero,
Ainda que neste passo a sentença fatal
Deva apressar do céu… Mas eis o seu rival.

Cena V

BRITÂNICO, AGRIPINA, NARCISO, ALBINA

BRITÂNICO

Não são nossos comuns opoentes invencíveis,
Senhora; nossa mágoa encontra almas sensíveis:
Amigos vossos, meus, mudos até este dia,
Enquanto em queixas vãs o tempo nos fugia,
Confiaram a Narciso a revolta que atiça
Nos corações dor e ódio oriundos da injustiça.

RACINE

Em feliz possessor Nero ainda não se arvora
Da ingrata a quem imola a minha irmã agora.
E, se lhe ressentis vós ainda a desventura,
Pode ao dever tornar de Nero a alma perjura.
Do senado, por nós, metade se interessa:
Sila, Plauto, Pisão...

AGRIPINA

Que idéia, príncipe, é essa?
Sila, Plauto, Pisão, os chefes da nobreza!

BRITÂNICO

Fere-vos meu discurso e vos influi surpresa;
Vosso ódio vejo já incerto, irresoluto,
E, do que desejou, teme colher o fruto.
Senhora, não, demais firmastes-me a desgraça:
De algum amigo meu, não receeis a ameaça:
Nenhum me resta já: vosso zelo e cuidado
De há muito os seduziu ou afastou do meu lado.

AGRIPINA

Príncipe, reprimi a vossa desconfiança:
A nossa salvação pende de nossa aliança.
Prometi; e, por mais que a corte vos persiga,
Do meu empenho não julgueis que eu me desdiga.
O ingrato Nero em vão foge à ira que em mim arde:
Ele terá de ouvir sua mãe cedo ou tarde.
Verei o que por bem ou com rigor consigo;
Ou ver-me-ão, conduzindo a vossa irmã comigo
E a semear nossa injúria e alarme em todo canto,

BRITÂNICO

Ganhar os corações à causa do seu pranto.
Nero por todo lado assediarei. Adeus.
Não deixeis que vos veja e fiai em juízos meus.

Cena VI

BRITÂNICO, NARCISO

BRITÂNICO
Narciso, não me influíste aí falsa esperança?
Em teu relato fundo alguma segurança?

NARCISO
Sim. Não será, porém, senhor, neste lugar,
Que este mistério a vós se deve revelar.
Partamos. Que esperais?

BRITÂNICO
O que espero? ai de mim!

NARCISO
Quê?

BRITÂNICO
Se por arte tua eu pudesse, ainda assim…

NARCISO
Explicai-vos.

BRITÂNICO
Rever...

NARCISO
Quem?

BRITÂNICO
Já me ruborizo;
Mas, mais calmo o destino aguardara, eu, Narciso.

NARCISO
Após tudo o que eu disse, ainda a credes fiel?

BRITÂNICO
Não, creio-a criminosa, inconstante, cruel.
Digna do meu rancor, mas, quando tal a pinto,
Não crê-lo ainda assim, como o devera, sinto.
Teimoso em sua fé, meu triste coração
Busca-a, razões lhe presta, e tem-lhe adoração.
Quisera enfim vencer minha incredulidade
Para que a possa odiar, já, com tranqüilidade.
Crer-se-á que alma tão nobre e infensa ao mal e à intriga,
De uma corte sem fé desde a infância inimiga,
Renegue tanta glória, e engendre num só dia
Perfídias que essa infiel corte, até, repudia?

NARCISO
E quem vos diz a ingrata, em sua reclusão,
Não ter do imperador tramado a sujeição?

BRITÂNICO

Que, certa do poder do encanto de tal vulto,
Para atrair-lhe o amor, não o guardasse oculto,
E assim lhe influir afã pela glória sensível
De vencer um orgulho até lá invencível?

BRITÂNICO
Não posso vê-la, então?

NARCISO
Recebe, neste instante,
Os votos que a seus pés depõe seu novo amante.

BRITÂNICO
Partamos, pois! Ah, céus! vejo-a, é ela.

NARCISO
(*à parte*)
Ah, corro a pôr
A par dessa notícia ingrata o imperador.

Cena VII

BRITÂNICO, JÚNIA

JÚNIA
Ah, príncipe, parti, e a uma ira subtraí-vos,
Em que minha constância acirra ódios mais vivos.
Nero está irritado. Escapei-lhe à tutela,

Enquanto, a pesar seu, sua mãe o interpela.
Adeus; guardai-vos, nosso amor tendo por guia,
Ao prazer de me ver justificar-me um dia.
Tenho sempre presente à alma a vossa imagem:
Nada pode apagá-la.

BRITÂNICO
Entendo esta linguagem.
Quereis que eu fuja a fim de pôr-vos a coberto,
Que à vossa nova chama eu deixe um campo aberto.
Sem dúvida que, ao ver-me, ainda um pudor secreto
Não vos permite fruir mais do que um gozo inquieto.
Pois bem, devo partir!

JÚNIA
Senhor, sem me imputar...

BRITÂNICO
Devíeis, ainda assim, mais tempo disputar.
Eu não nego à vulgar amizade que se una
Ao partido que afaga o favor da fortuna,
Que o resplandor de um trono a vista vos ofusque,
Que, a imolar minha irmã, vossa ambição o busque;
Mas que, como outra, presa à pompa e ao interesse,
Sempre dessa atração despreendida eu vos cresse;
Não, digo-o ainda uma vez, meu ser desesperado
Contra tal golpe não se achava preparado.
Vi a injustiça altear-se sobre a minha ruína;
Cúmplice dela vi a cólera divina;
Tanto horror não bastou ainda a seu desagrado:

BRITÂNICO

Restava-me ainda ser por vós abandonado.
Num tempo mais feliz já houvera o meu desgosto
Justo arrependimento a esta descrença imposto;
Mas Nero vos ameaça: e, em tal perigo, empenho
De mais premente teor de que afligir-vos, tenho.
Tende ânimo! à ordem dele houve eu que me cingir;
Nero nos escutava e obrigou-me a fingir.

BRITÂNICO
Quê!

JÚNIA
De nossa entrevista observador constante,
Fitava com olhar sombrio o meu semblante,
Pronto a fazer cair sobre vós a vingança
De um gesto indicador de nossa íntima aliança.

BRITÂNICO
Nero escutava, céus! Mas como! um vosso olhar
Podia-me a verdade ainda assim revelar.
Podia-me em segredo expor o autor de tudo;
Tem u'a linguagem só o amor, ou ele é mudo?
De que dor me podia esse olhar preservar!
Devíeis…

JÚNIA
Silenciar, devia, e vos salvar.
Ah! quanta vez, já que é mister que vo-lo afiance,
Meu coração vos ia informar de seu transe!

RACINE

Quanta vez, reprimindo em mim lágrimas e ais,
Fugia à vossa vista e a procurava mais!
Que dor ver-se o que se ama e guardar-se o sigilo,
Ver-lhe a lástima e estar-se ainda mais a afligi-lo,
Quando um olhar poder-lhe-ia a mágoa socorrer!
Mas que prantos poria esse olhar a correr!
Ah! com essa visão aflita, perturbada,
Não me sentia ainda assaz dissimulada:
De minha fronte inquieta eu temia o palor;
Cheios demais sentia os olhos de ânsia e dor,
Por não vos demonstrar rigor ainda bastante,
Cria eu ver Nero entrando, em fúria, a todo instante;
Cria em vão ter em mim o amor encarcerado;
Enfim, o que quisera, é jamais ter amado.
Ah, senhor, ai de mim! para o seu mal e o nosso,
Tem do meu coração demais ciência, e do vosso!
Ide, mais uma vez, fugi deste lugar:
Com mais lazer vos vou segredos revelar
Que, nesta hora fatal, meu coração reprime.

BRITÂNICO
Ah, senhora! é demais dar-me a entender meu crime,
Meu júbilo sem-par, vossa bondade, enfim.
Sabeis tudo o que estais a abandonar por mim?
(lançando-se aos pés de Júnia)
Quando hei de aos vossos pés expiar remorso infindo…

JÚNIA
Ai de nós! Que fazeis? vosso rival vem vindo.

BRITÂNICO

Cena VIII

NERO, BRITÂNICO, JÚNIA

NERO

Príncipe, continuai transportes tão amenos?
Vejo em tal gratidão vossa bondade, ao menos,
Senhora: a vossos pés surpreendo-o, mas, enfim,
Devia ele, também, render graças a mim.
Favorece-o este sítio, e aqui eu vos retenho
Para que ate convosco um tão feliz convênio.

BRITÂNICO

Posso a seus pés depor o que minha alma almeja
Onde quer que permita o seu favor que a veja;
E não tem este sítio em que a conservais presa,
Algo que ao meu olhar possa causar surpresa.

NERO

Que vos pode dizer, pois, que não vos previna
Que aqui tudo me segue, e à minha lei se inclina?

BRITÂNICO

Não nos viu, a ambos nós, este lugar crescer,
Vós, para desafiar-me, e eu, para obedecer;
E tampouco nos viu nascer sob os auspícios
De um dia me falar, como amo meu, Domicius.

NERO

Regem-nos do destino, assim, contrárias leis;

Obedecia, então, e agora, obedeceis.
Se vos mostrais rebelde em serdes conduzido,
Sois jovem, e podeis, pois, ainda ser instruído.

BRITÂNICO

Instruído, eu? e de quê?

NERO

O império, Roma o aponta.

BRITÂNICO

E por direito vosso acaso Roma conta
Tudo o que de cruel tem da violência o sestro?
Rapto, envenenamento, o divórcio, o seqüestro?

NERO

Roma não vai levar olhares de soslaio
Até segredos meus que à vista lhe subtraio.

BRITÂNICO

Sabe-se o que ela pensa.

NERO

Ao menos se retrai
No silêncio e respeito: o exemplo lhe imitai.

BRITÂNICO

Nero começa então a não forçar-se mais.

NERO

Nero está a se cansar de ouvir discursos tais.

BRITÂNICO

BRITÂNICO
De seu reino feliz, cantava-se o louvor.

NERO
Feliz ou infeliz, basta-me influir temor.

BRITÂNICO
Conheço Júnia mal, se estes conceitos são
De molde a merecer a sua aprovação.

NERO
Ainda que de agradar-lhe a arte conheça mal,
Sei a arte de punir a audácia de um rival.

BRITÂNICO
Sei, quanto a mim, por mais que o fado ainda me oprima,
Que o único mal que temo é perder sua estima.

NERO
Devíeis desejá-lo; é só o que vos digo.

BRITÂNICO
Pois tão-só de agradar-lhe é a ventura a que ligo.

NERO
Sempre lhe agradareis, já vo-lo prometeu.

BRITÂNICO
Ao menos não lhe espio os seus discursos, eu.
Deixo-a manifestar-se sobre o que me toca,
E não me oculto a fim de lhe fechar a boca.

NERO

Bem. Guardas!

JÚNIA

Ai de mim! Qual é o vosso intento?
É o vosso irmão, senhor, é um amante ciumento.
Persegue-o em sua vida incessante desdita:
Porventura o seu fado inveja em vós excita?
De vossos corações deixai que eu reate os nós;
Que à vista de ambos fuja, e que me oculte a sós.
Deixai que, pondo fim a estes ódios fatais,
Para sempre, senhor, me encerre entre as vestais.
Já não lhe disputeis votos infortunados;
Sejam os deuses, só, por mim importunados.

NERO

Certo é de estranhar este súbito intento.
Guardas, reacompanhai-a ao seu apartamento.
Guarde-se, no da irmã, Britânico à vista.

BRITÂNICO

É destarte que Nero um coração conquista!

JÚNIA

Príncipe, é mister cedermos a iras tais.

NERO

Guardas, obedecei sem que se tarde mais.

BRITÂNICO

Cena XIX

NERO, BURRUS

BURRUS

Que vejo? oh céus!

NERO

(*sem ver Burrus*)
           Assim seu fogo redobrou.
Eu reconheço a mão que os reaproximou.
Agripina, ante mim, tão-só apresentou-se,
Nesses discursos seus tanto tempo alongou-se,
Só para pôr em jogo o ardil que me rebaixa.
          (*apercebendo Burrus*)
Saibam se minha mãe neste sítio ainda se acha.
Que no palácio até nova ordem se detenha,
E que outra guarda, a não ser minha, já não tenha.

BURRUS

Quê, senhor, sem ouvi-la? Uma mãe!

NERO

                    Nada mais:
Os projetos não sei, Burrus, que meditais:
Mas faz uns tempos já, que, em tudo o que desejo,
Só um contraditor e censor em vós vejo.
Por ela respondei: ou, se houver negação,
Por ela e mais por vós outros responderão.

QUARTO ATO

Cena I

AGRIPINA, BURRUS

BURRUS

Sim, já vos podereis defender livremente,
Senhora; a vos ouvir é César quem consente:
E no palácio fez sua ordem por deter-vos,
Talvez para poder com mais folga entreter-vos.
Mas, se do meu pensar ouso expor a medida,
Fazei por olvidar terdes sido ofendida;
Timbrai só em estender-lhe o vosso abraço agora;
Sem que mais o acuseis, defendei-vos, senhora.
Podeis ver que a ele só a corte aqui se dobra,
Se é vosso filho, ele é também, e por vossa obra,
O vosso imperador. Assim sois, como nós,
Sujeita a esse poder que recebeu de vós.
Conforme o seu humor vos afaga ou ameaça,
A corte vos circunda ou vos deserta em massa.
Buscam dele o favor, quando o buscam de vós.
Mas eis o imperador.

Racine

AGRIPINA
Que nos deixem a sós.

Cena II

NERO, AGRIPINA

AGRIPINA
(*sentando-se*)
Aproximai-vos, Nero, e tomai vosso assento.
Querem que de atos meus vos dê conhecimento.
Que crime podem ter-me imputado, eu não sei:
Mas, dos que cometi, vos esclarecerei.
Reinais: sabeis o quanto o vosso berço e infância
Haviam, entre o império e vós, posto distância.
A glória, até, dos meus, por Roma consagrada,
Sem mim, era honra vã. Quando, já condenada,
De Britânico a mãe à morte se rendeu,
Deixava a disputar de Cláudio o himeneu;
E eu, entre tantas mais beldades que o almejavam,
Que de alforriados seus os votos mendigavam,
Seu leito desejei, no intuito, só, de um dia
Ao trono vos deixar a que assim pretendia.
Meu orgulho humilhei; vi Palas. Em meus braços,
Seu amo, diariamente a fruir-me o afeto e abraços,
Aos poucos absorveu nos olhos da sobrinha
O amor a que o incitava essa manobra minha.
Do sangue o nó comum, porém, que nos ligava,
De um incestuoso leito ainda Cláudio afastava.

BRITÂNICO

Não me ousava esposar, filha, eu, de seu irmão.
Ganho, o senado pôs, por lei mais branda, então
Cláudio em meu leito, e Roma aos pés meus, logo após.
Muito era para mim, nada era para vós.
Mas logo a vós também franqueei sua família;
Eu vos nomeei seu genro, e vos dei sua filha:
E Silano, que a amava, assim posto de lado,
Com seu sangue mareou um dia infortunado.
Não era nada ainda. Ousáreis crer que um dia
Cláudio seu próprio filho ao genro imolaria?
Do mesmo Palas fui implorar os recursos:
Cláudio vos adotou, lasso dos seus discursos:
De Nero vos chamou, e do poder do trono
Timbrou, antes do tempo, até, em fazer-vos dono.
É aí que cada qual, relembrando o passado,
Meu plano percebeu, já demais avançado.
De Britânico, então, temendo o injusto augúrio,
De amigos de seu pai elevou-se o murmúrio.
A uns deslumbrei, a usar das promessas o brilho;
Pôde me libertar dos mais rebéis o exílio;
O próprio Cláudio, a ouvir-me o eterno desagrado,
Afastou quem, de há muito a seu filho ligado,
Por devoção a este, ou por próprio interesse,
Reconduzi-lo ao trono, acaso pretendesse.
Fiz mais: entre fiéis meus, nomeei, para os meus planos,
Quem, a meu bel-prazer, lhe instruísse os jovens anos;
E ao contrário escolhi para vós, a respeito,
Mestres a quem rendia em tudo Roma preito.
Surda à intriga e à ambição, só na nomeada cri;
Do exército, do exílio, eu tirei, trouxe aqui

Sêneca, Burrus, sim; eles, cuja atitude
Agora... Roma então lhes prezava a virtude.
De Cláudio ao mesmo tempo esgotando as riquezas,
Em vosso nome andava a espalhar mil larguezas,
O circo, a arena, os dons, chamariz sempre novo,
Punham-vos no favor das tropas e do povo
Que, aliás, a reavivar do antigo afeto a voz,
Germânico, meu pai, aclamavam, em vós.
Mas Cláudio a seu declínio enfim fazia jus.
Seu iludido olhar no fim abriu-se à luz.
Seu erro percebeu. Na angústia de seu seio,
Por seu filho deixou transparecer receio.
Quis ainda reunir seus fiéis. Esforços vãos:
Palácio, guarda, leito, eu tinha tudo em mãos.
Deixei-o consumir sem fruto o seu carinho;
Dos seus supremos ais, só eu tive o domínio:
E, fingindo poupar-lhe esse transe, os singultos
De seu filho, ao morrer, lhe conservei ocultos.
Morreu. Rumores mil correram contra mim.
A nova prematura abafei do seu fim;
E enquanto das legiões, Burrus, no acampamento,
Exigia por vós secreto juramento,
Que lá acorríeis, vós, à luz dos meus auspícios,
Em Roma, em cada altar, fumavam sacrifícios.
E o povo, a que habilmente o impôs minha atitude,
Do príncipe já morto implorava a saúde.
Mas, no instante em que enfim da tropa a submissão
Sobre o império firmou vossa dominação,
Viu Cláudio, e a um tempo só, estranhando-lhe a sorte,
Soube de vosso trono ao lhe saber da morte.

Britânico

Esta é a franca admissão que ora fazer vos quis:
Meus crimes são. O prêmio é o que me conferis:
Em fruirdes de tal lida as regalias plenas,
Seis meses gratidão demonstrastes apenas;
Já lasso de um respeito incômodo talvez,
Em me desconhecer empenho Nero fez.
Sêneca, Burrus vi, com falsas suspeições,
Da injusta ingratidão darem-vos mais lições,
Vencidos com prazer em sua própria ciência.
Vi-vos favorecer com vossa complacência
Otão, Senecião, jovens voluptuosos,
De todo prazer vosso adeptos respeitosos;
E quando, após sofrer inúmeras afrontas,
Passo a vos exigir dessa atitude contas,
– O ingrato que fará, que se vê confundido? –
Só por novos desdéns, tendes me respondido.
Hoje se dá que Júnia a vosso irmão prometo;
Ambos de vossa mãe vêem gratos o projeto:
Que fazeis? Raptais Júnia, e esta, que um outro ama,
Torna-se numa noite alvo de vossa chama;
Repudiada por vós, Otávia se prepara
A abandonar o leito em que eu a colocara;
Palas banido foi, vosso irmão vejo preso;
À minha liberdade, até, opondes desprezo;
Burrus se atreve a pôr audazes mãos em mim.
E de perfídias tais convicto, quando enfim
Para as expiardes, só, devíeis me encontrar,
Sois vós que me ordenais eu me justificar.

Nero

Senhora, eu sei dever o império a vosso zelo,

E sem que vos canseis de sempre redizê-lo,
Podia vossa fé com mais tranqüilidade
Manifestar confiança em minha lealdade.
Tantas queixas, aliás, que num só teor se inspiram,
Já têm feito dizer a todos que as ouviram,
Terdes antanho, aqui dizê-lo ouso entre nós,
Trabalhado em meu nome apenas para vós.
Dizem: "A glória, a honra, a pompa em seu caminho,
"Do que está a lhe dever será prêmio mesquinho?
"Que crime cometeu filho tão condenado?
"Só para obedecer, foi por ela coroado?
"Depositário, só, do seu poder será?"
Não que se eu vos pudesse agradar até lá,
Não teria prazer em vos ceder, sem mais,
Esse poder que sempre aos gritos reclamais;
Mas Roma um César quer, não uma imperatriz.
De minha submissão, sabeis o que se diz:
Diariamente o senado, o público, irritados
Com o ouvirem minha voz ecoar vossos ditados,
Clamam que ao se finar, com sua prepotência,
Cláudio ainda me legou sua cega obediência.
Do exército, ao levar as águias ante vós,
Quanta vez se elevou a murmurante voz,
Na ira de rebaixar-se a uma indigna homenagem,
Os heróis de que são consagradora imagem.
Render-se-ia toda outra a descontentos tais;
Mas vós, se não podeis reinar, só vos queixais.
Contra mim, na ambição que a alma vos acabrunha,
Britânico apoiais com o partido de Júnia;
Vemos-vos cheia de ódio, astúcia e suspeições,

Britânico

Querer apresentar meu rival às legiões:
No acampamento já circulou este boato.

AGRIPINA

Fazê-lo imperador, eu? Fostes crê-lo? ingrato!
Qual seria a intenção? a que pretenderia?
A que brilho ou poder, na corte a que honraria?
Se sob o vosso império a humilhações jus faço,
Se acusadores meus me espiam cada passo,
Se a mãe do imperador tratam de tal maneira,
Que havia eu de esperar de uma corte estrangeira?
Exprobar-me-iam, não da zanga o arroubo inerme,
Desígnios já por mim sufocados no germe,
Mas crimes que por vós cometi ante o mundo,
Que iriam me deixar num ai convicta a fundo.
Não, vossas artes sei, já não me iludo mais;
Sois um ingrato, sempre o fostes, ademais:
Na vossa infância, já, meus mimos, meus cuidados,
Arrancaram de vós só fingidos agrados.
Nada vos venceu da alma a insensibilidade,
Que há muito dever-me-ia estancar a bondade.
Quão inditosa sou! E por que desfortuna
Meus zelos todos mais me tornam importuna!
Só tenho um filho. Oh céus! vós, que a queixa me ouvis,
Voto algum que não fosse em prol dele vos fiz?
Nada me obstou: remorso, apreensão, risco, ameaças;
Desprezos superei, ignorei das desgraças
Preditas desde então, a previsão nefasta;
Tudo o que pude fiz: mas reinais, é o que basta.
Com a liberdade, a qual me foi já subtraída,

Tomai, se o desejais, também a minha vida,
Contanto que o meu fim, pondo o povo em levanto,
Não vos vá despojar do que me custou tanto.

NERO

Bem, pronunciai, então. Que desejais de mim?

AGRIPINA

Dos inimigos meus, puna-se a audácia enfim;
Britânico aplacai: calmai-lhe a lídima ira;
A escolha de um esposo a Júnia se confira;
Liberdade a ambos dêem; Palas volte sem mora,
Seja-me permitido eu ver-vos a toda hora.

(*notando Burrus no fundo do palco*)

Burrus, que vem espiar deste encontro o sucesso,
Não me ouse mais barrar de vossa porta o acesso.

NERO

Sim, e meu grato afã visa a que doravante
Vosso poder, senhora, em toda alma se implante.
E essa feliz frieza agora até bendigo,
Que vai de nossa união reatear o ardor amigo.
Ponho o que Palas fez no rol do esquecimento;
Com Britânico nova amizade fomento;
E, quanto a essa paixão que separar-nos quis,
Nosso árbitro vos faço e sereis nosso juiz.
Ide ora, e essa alegria a meu irmão levai.
Guardas, de minha mãe as ordens acatai.

BRITÂNICO

Cena III

NERO, BURRUS

BURRUS

Esse abraço, penhor de uma paz sem obstáculo,
Como é ao meu olhar, senhor, grato espetáculo!
Sabeis se, de afastá-la, eu jamais tive a mira,
Se fui merecedor de sua injusta ira,
E se de vossa união quis afrouxar os nós.

NERO

Não vos iludo, estava a me queixar de vós,
Burrus: cri que com ela estivésseis de aliança;
Mas o ódio que vos tem me restaura a confiança.
Demais se apressa em fruir do triunfo o regalo:
Abraço o meu rival, mas é para esmagá-lo.

BURRUS

Senhor! quê!

NERO

É demais; deve hoje a sua ruína
Me libertar de vez das fúrias de Agripina.
Enquanto respirar, não respiro eu em paz.
De seu nome inimigo ela cansou-me, aliás;
E não permitirei que a sua estranha meta
Uma segunda vez meu lugar lhe prometa.

BURRUS

Britânico ela então em breve chorará?

NERO

Deixarei de temê-lo antes da noite, já.

BURRUS

E quem a essa intenção vosso ânimo convida?

NERO

Meu cetro, meu amor, minha paz, minha vida.

BURRUS

Não, este intuito atroz, por mais que ainda o digais,
Em vossa alma, senhor, não germinou jamais.

NERO

Burrus!

BURRUS

De vossa boca, oh céu! tive eu de ouvi-lo?
Pudestes, sem fremir, pronunciar vós aquilo?
Pensastes em que sangue a mão ireis banhar?
Nero nos corações farto está de reinar!
Qual é vosso pensar? Que não dirão de vós?

NERO

Quê! servo da opinião, sempre preso em seus nós,
Tão-só terei sei lá que glória e amor por mira
Que o acaso nos concede e num dia nos tira?
Surdo a desejos meus, à voz de outros submisso,
Devo agradá-los, sou imperador para isso?

Britânico

Burrus

E não vos satisfaz, senhor, a alma de sobra
O bem público ser igualmente a vossa obra?
Soberano, aplicai à escolha o vosso selo:
Virtuoso até hoje sois, podereis sempre sê-lo.
O rumo está traçado, e sem que algo em vós mude,
Podeis marchar, senhor, de virtude em virtude.
Mas, anuindo em que a voz da intriga e ambição prime,
Tão-só vos restará correr de crime em crime,
Vossos rigores mais firmar por cruentos passos,
E em mais sangue banhar vossos sangrentos braços.
Britânico, ao morrer, o zelo excitará
De amigos, a abraçar-lhe a causa prontos já.
Tais vingadores vão criar mais defensores,
Os quais, mortos, até, hão de ter sucessores:
Já não se extinguirá o fogo que acendeis.
Temido pelo mundo, a todos temereis,
E a punir sempre, a ver em todo alvo perigo,
Em cada súdito heis de ver um inimigo.
Ah, de um jovem reinado a feliz experiência
Vos faz acaso odiar, senhor, vossa inocência?
Lembrai que paz feliz o tem assinalado!
Em que repouso, ó céu, vos fluiu esse passado!
Que prazer de em si mesmo ouvir vozes que ecoam:
"Em toda parte amor me votam, me abençoam;
"Não gera de meu nome o som, no povo, alarme:
"Não o ouve, do alto, o céu, em prantos maldiçoar-me;
"Não foge o seu rancor sombrio à minha imagem;
"Voam corações a mim sobre a minha passagem!"
Céus! que transformação! Tal era o vosso gozo.

Racine

Até o sangue mais vil vos era à alma precioso:
Lembro um dia em que instou com justiça o senado
Que César assinasse a morte de um culpado;
Quisestes resistir a tal severidade,
A vosso coração negando crueldade;
E do império exprobrando o rígido dever,
Disséreis: "Antes não soubesse eu escrever."
Não, ou me escutareis, ou de tal infortúnio
Poupar-me-á minha morte a dor e o testemunho:
Sobreviver a vosso ocaso não me imponho.
Se fordes consumar delito tão medonho,

(lançando-se aos pés de Nero)

Senhor, vedes-me pronto: antes que a ordem se dite,
Vare-se o coração que esse horror não admite;
Que os maus de quem proveio acorram neste instante,
Em meu sangue firmar seu braço vacilante...
Mas meu pranto comove o meu imperador;
Vejo sua virtude a estremecer de horror.
Sem mais, senhor, nomeai-me as torpes criaturas
Que ousam vos inspirar parricidas loucuras;
Abraçai vosso irmão, esquecei com tal gesto...

Nero

Ah! que pedis de mim!

Burrus

Não vos tem ódio, o atesto.
O que estão, é a atraiçoá-lo: eu sei sua inocência;
Posso vos afiançar, senhor, sua obediência.
Corro. Quero apressar um tão feliz momento.

Britânico

NERO
Que me espere convosco em meu apartamento.

Cena IV

NERO, NARCISO

NARCISO
Senhor, tudo previ para morte tão justa:
O veneno está pronto. A afamada Locusta
Renovou para mim a sua arte sem-par:
Fez perecer um seu escravo a meu olhar;
E é, no cortar u'a vida, o ferro, até, mais lento
Do que o novo veneno oferto a nosso intento.

NERO
Narciso, basta aí; reconheço o serviço,
Mas meu desejo agora é que se fique nisso.

NARCISO
Como! já não odiais Britânico, e hoje, quando…

NERO
Narciso, ouviste-o, sim: estão nos irmanando.

NARCISO
Sim, está muito bem, senhor, eu não duvido.
Mas recordai que há pouco aqui se viu detido:
Far-lhe-á essa nova injúria a longo rancor jus.

Não há segredo, aliás, que enfim não surja à luz:
Saberá que dever-lhe-ia eu apresentar
Um veneno que fez vossa ordem aprontar.
Resguarde-vos o céu dele idear tal desgraça:
Mas não ousais fazer o que ele talvez faça.

NERO

Já que o seu coração me afiançam, venço o meu.

NARCISO

E o liame dessa união é de Júnia o himeneu?
Fazer tal sacrifício ao rival César quer?

NERO

É irdes longe demais, Narciso. Haja o que houver,
Já não o conto como inimizade minha.

NARCISO

Senhor, bem que Agripina essa certeza tinha:
Retomou sobre vós seu soberano mando.

NERO

Que disse ela? Que foi? E que estais insinuando?

NARCISO

Disso se vangloriou em público, bastante.

NERO

De quê?

BRITÂNICO

NARCISO
De que era só ver-vos ela um instante.
Que a essa grande ira toda, a esse clamor funesto,
Tão-só se seguiria um silêncio modesto;
Que havíeis, vós, de à paz primeiro subscrever,
Feliz que se dignasse ela tudo esquecer!

NERO
E que farei, Narciso? inclinação assaz
Sinto de castigar-lhe a intromissão audaz;
E fosse só por mim, a seu triunfo odiento
Logo sucederia árduo arrependimento.
Mas qual será do mundo o juízo, o dos romanos?
Pretendes que eu palmilhe a trilha dos tiranos,
E que Roma, a apagar-me os nomes de louvor,
Tão-só me vá deixar o de envenenador?
De parricida me hão de tachar a vingança.

NARCISO
E a seus caprichos sempre haveis de dar confiança?
Críeis que a vida inteira iriam se calar?
Deveis vós dar ouvido ao que possam falar?
Sem jamais dardes curso ao que almejais, quereis,
Em vós mesmo, senhor, nunca acreditareis?
Os romanos, aliás, não vos são conhecidos;
São, em discursos seus, muito mais comedidos.
Tais precauções, senhor, vosso reinado algemam:
Pensarão fazer jus a que de fato os temam.
De há muito eles ao jugo estão condicionados;
E adoram mais a mão que os tem acorrentados.

RACINE

Terão só de agradar-vos tão sempre o critério:
De sua servidão fatigou-se Tibério.
E eu mesmo, a quem um mando emprestado investia,
Que Cláudio me outorgara outrora com a alforria,
Mais de cem vezes pude então, à sua face,
Tentar-lhes a paciência, e sem que lhas cansasse.
Num envenenamento algo há que vos importe?
Destruí o irmão, deixai a irmã à sua sorte;
São vítimas que Roma imola ao vosso altar,
E crimes na inocência havia até de achar.
Por dias de infortúnio ainda se contarão
Os que viram nascer em Roma a irmã e o irmão.

NERO

Narciso, ainda uma vez, nisto eu me vejo inerme,
Burrus prometi. Tive a ele de render-me;
E não quero eu, falhando à fé prestada assim,
Dar à sua virtude armas mais contra mim.
As razões dele em vão com as minhas aniquilo:
Não o posso escutar com coração tranqüilo.

NARCISO

Burrus não crê, senhor, nas virtudes que alarda:
Seu favor, junto a vós, é o que ele assim resguarda;
Aliás, é um só pensar que estão todos a ter:
Veriam golpe tal rebaixar seu poder,
E, senhor, livre então, veríeis ante vós,
Curvarem-se esses grã-senhores como nós.
Como! o que ousam dizer é-vos ainda um mistério?
"Nero, se alguém os crê, não nasceu para o império;

BRITÂNICO

"Diz o que lhe é prescrito; é o que faz, tão-somente,
"Conduz-lhe o coração Burrus, Sêneca a mente.
"Sua única ambição, sua virtude inteira,
"É conduzir com garbo os corcéis na carreira,
"Disputar prêmios vis, ganhá-los sem obstáculo,
"Aos romanos impor de si mesmo o espetáculo;
"Num teatro prodigar sua voz em longos cantos,
"Dos quaisquer que idolatre o público os encantos,
"Enquanto os centuriões, de momento em momento,
"Vão por ele arrancar aplausos a contento."
Ah! não lhes imporeis silêncio, por quem sois!

NERO

Vamos, Narciso, a ver o que faremos, pois.

QUINTO ATO

Cena I

BRITÂNICO, JÚNIA

BRITÂNICO

Para abraçar-me, o crera, ah, senhora, há um momento!
Nero me aguarda agora em seu apartamento.
Da corte convocou lá a juventude, a fim
De que, entre o regozijo e a pompa de um festim,
Ante todos se firme a fé de nossas juras,
A renovar-nos mais as fraternais ternuras.
Extingue a sua paixão, fonte de tanto dano,
E vos faz de meu fado árbitro soberano.
E eu, ainda que ele frua a minha herança justa,
E que o espólio dos meus ostente à minha custa,
Já que deixou de ser contrário à minha chama,
E de vos agradar me cede a glória e a fama,
Prestes meu coração se vê a lhe perdoar,
E em lhe ceder o mais sente menos pesar.
Do vosso encanto, ah, nada há já de separar-me!
Neste momento, até, contemplo sem alarme

Racine

O olhar que resistiu a ais, rogos e terror,
Que me tem imolado o império e o imperador!
Princesa, ah!... Mas que vejo! algum novo receio,
Enquanto me escutais, agita o vosso seio?
De onde vos nubla a vista, a triste vista, um véu,
Quando com longo olhar de dor a ergueis ao céu?
Que temeis?

JÚNIA

Não o sei nem eu mesma, ainda assim
Eu temo.

BRITÂNICO

Amais-me?

JÚNIA

Ah! se vos amo! ai de mim!

BRITÂNICO

Não nos perturba, já, Nero a felicidade.

JÚNIA

Mas quem me afiançará, dele, a sinceridade?

BRITÂNICO

Julgais que nutra em si ódio e fúria encoberta?

JÚNIA

Nero amava-me há pouco, a vossa perda certa
Jurava; ele me foge e busca a vossa aliança:
Pode um momento obrar tão súbita mudança?

BRITÂNICO

BRITÂNICO

Mudança tal, senhora, é um golpe de Agripina:
Julgou que minha perda arrastá-la-ia à ruína.
Graças às prevenções de seu ciumento gênio,
De trabalhar por nós, teve essa imiga o empenho.
Aos rasgos que me deu a ver, não nego fé;
Fio-me em Burrus, sim; creio em seu amo, até:
Creio que a exemplo meu, de trair incapaz,
Odeie abertamente, ou o ódio deixe em paz.

JÚNIA

De Nero não julgueis por vosso o coração:
Um e outro não marchais na mesma direção.
A corte e o imperador um dia só conheço;
Mas nesta corte — a vós, senhor — é que o confesso,
Como entre o que se diz e se pensa é a união pouca!
Quão longe não está o coração da boca!
Com que alegria trai cada qual sua fé!
Para vós, para mim, que clima estranho é!

BRITÂNICO

Mas, fingido ou real seu amistoso intento,
Se o temeis, de temor há de estar Nero isento?
Não, ele não irá por um torpe atentado
Sublevar contra si Roma, o povo, o senado.
De admitir a injustiça, aliás, já fez o esforço,
Diante até de Narciso aparentou remorso.
Princesa, houvésseis visto até que ponto infindo…

JÚNIA

Mas Narciso, senhor, não vos está traindo?

RACINE

BRITÂNICO

Quê! contra ele hei de pôr minha alma prevenida?

JÚNIA

Sei lá, senhor! está em jogo a vossa vida:
Temo que à corrupção ninguém aqui se negue;
Temo Nero; o infortúnio eu temo que me segue.
Na presciência fatal que a pesar meu me atrista,
Só com dor ver-vos-ei sair de minha vista.
Ai de mim, se essa paz que aos vossos olhos brilha,
Contra vós ocultasse uma negra armadilha;
Se no ódio que vos tem, Nero fosse o disfarce
Da noite aproveitar, para melhor vingar-se;
Se armasse o golpe enquanto eu vos contemplo a face,
E pela última vez agora eu vos falasse!
Ah, príncipe!

BRITÂNICO

Ah, chorais! princesa amada minha!
Até onde vosso amor minha causa apadrinha!
Quê! num dia em que Nero, ébrio de sua grandeza,
Crê do seu resplandor tornar vossa alma presa,
Quando o venera tudo e estou eu no abandono,
Preferir-me a miséria às pompas do seu trono!
Como! num mesmo dia, aqui, neste lugar,
Recusar um império, e aos olhos meus chorar!
Mas debelai, princesa, um pranto tão precioso:
Logo há de vos render meu regresso o repouso.
Mais longa estada aqui tornar-me-ia suspeito:
Eu vou, com o meu amor a transbordar do peito,

Britânico

Em meio à corte vã, a fúteis gozos presa,
Ver, entreter tão-só minha bela princesa.
Adeus.

Júnia

Príncipe...

Britânico

Estão-me à espera, tenho que ir.

Júnia

Ao menos aguardai virem vos advertir.

Cena II

Britânico, Agripina, Júnia

Agripina

Príncipe, que esperais? Parti com diligência.
Nero, impaciente, já, está com a vossa ausência.
Só o vosso mútuo abraço aguardam os convivas,
Para que irrompa a festa em alegria e em vivas.
Que não se imponha a afã tão justo mais demora;
Ide. E nós, vamos ter com Otávia, senhora.

Britânico

Sim, ide, Júnia minha, e descansada, já,
Abraçai minha irmã que à vossa espera está.
Irei juntar-me a vós, senhora, assim que o possa,
E graças vos render desta intercessão vossa.

Racine

Cena III

AGRIPINA, JÚNIA

AGRIPINA

Senhora, ou eu me iludo, ou nessa despedida
Deixou-vos algum pranto a vista obscurecida.
De algum alarme, em vós, ainda uma nuvem sobra?
Duvidais de uma paz da qual faço a minha obra?

JÚNIA

Num dia em que sofri tamanhos desagrados,
Como acalmar já meus sentidos agitados?
Neste milagre mal minha alma ainda se fia.
Mesmo assim, à vossa obra entraves temeria:
A mudança é comum na corte, e algum temor,
Senhora, vemos sempre acompanhando o amor.

AGRIPINA

Não, não; basta, eu falei; tudo mudou de aspecto:
As vossas suspeições ficaram sem objeto.
Essa paz que encetei, garanto por inteiro;
Nero de tal me deu penhor demais certeiro.
Houvésseis visto vós, com que ardor, que carinho,
Suas juras renovou-me há pouco em meu caminho;
Com que afagos sem fim ele embargou meus passos:
Não me largavam mais em nosso adeus seus braços.
Com bondade a irradiar-lhe da fronte e da boca,
De segredos abriu-se, antes, de monta pouca:
Tinha ele, ao se expandir, de um filho a liberdade,

Britânico

Que no seio materno esquece a majestade.
Mas logo após, sob ar severo a testa oculta,
Já como imperador que a sua mãe consulta,
Sua confiança augusta expôs-me ocultos planos
De cujo selo pende a sorte dos humanos.
Não, para glória dele o admito: não lhe integra
O fundo coração uma malícia negra;
Meus inimigos, só, traindo-lhe a bondade,
Faziam por usar sua facilidade.
Mas por seu turno, enfim, o seu poder declina;
Vai Roma ainda uma vez conhecer Agripina;
De meu novo favor já o rumor se adora.
Mas, sem que a noite aqui esperemos, senhora,
Vamos ter com Otávia e dedicar-lhe o resto
De um dia tão feliz quanto o julguei funesto.
Mas que clamor confuso ouço! que sons de pânico!
Que estará acontecendo?

JÚNIA
Ó céus, salvai Britânico!

Cena IV

AGRIPINA, JÚNIA, BURRUS

AGRIPINA
Burrus, onde correis? que é que o tumulto inspira…

BURRUS
Ah, senhora, é o fim! Britânico expira.

RACINE

JÚNIA

Meu príncipe, ah!

AGRIPINA

Expira?

BURRUS

Ou antes, já morreu.

JÚNIA

Senhora, heis de perdoar-me este transporte meu.
Vou ver se socorrê-lo eu posso, ou vou segui-lo.

Cena V

AGRIPINA, BURRUS

AGRIPINA

Burrus, que crime!

BURRUS

Não, não sobrevivo àquilo:
Senhora, há que deixar a corte e o imperador.

AGRIPINA

Do sangue de um irmão, quê! não sentiu horror!

BURRUS

Com mistério maior foi realizado o plano,

BRITÂNICO

Senhora; o imperador mal viu chegar seu mano,
Ergue-se; tudo cala; adianta-se a ele e o abraça;
E de súbito, em mãos, César levanta a taça:
"Por que finde a este dia o auspício mais feliz,
"Derramo desta taça a primícia, é o que diz:
"Deuses, que contemplais do alto a nossa efusão,
"Vinde favorecer nossa fraterna união."
Britânico igual jura empenha a seu irmão.
Narciso vai enchendo a taça em sua mão;
Mas, mal seu lábio toca a beira transbordante,
O ferro não produz efeito tão possante,
Senhora, a seu olhar a luz é subtraída;
Sobre o seu leito, sem calor tomba, e sem vida.
Qual raio golpe tal sobre a assembléia cai.
Em pânico e em terror, metade aos gritos sai;
Mas os que têm da corte a prática constante,
Compõem sobre a expressão de César seu semblante.
Sobre o leito, sem mais, reclina ele, entretanto;
Não se lhe vê no olhar indício algum de espanto:
"A esse mal que temeis, diz, sempre foi sujeito:
"Quanta vez lhe atacou a infância, sem efeito."
Narciso tenta em vão fingir algum desgosto;
Seu pérfido triunfo espelha-se em seu rosto.
E eu, ainda que a ousadia o imperador me puna,
Senhora, abri caminho entre a corte importuna,
E ia, a gemer de horror com tão negro atentado,
Chorar Britânico, César, e todo o Estado.

AGRIPINA
Ei-lo, aí vem. Vereis se influí-lhe eu esse empenho.

Cena VI

NERO, AGRIPINA, BURRUS, NARCISO

NERO
(vendo Agripina)

Céus!

AGRIPINA

Parai, Nero, e ouvi o que a dizer-vos tenho.
Britânico morreu: percebo o golpe atroz;
Conheço eu o assassino.

NERO

E quem, senhora?

AGRIPINA

Vós.

NERO

Eu! E é em tais suspeições que a vossa alma se embrenha!
Não há desgraça aqui, de que a culpa eu não tenha,
Senhora, e para quem ouvir-vos o discurso,
Da vida, até, de Cláudio, abreviei eu o curso.
Seu filho vos foi caro e lamentais-lhe a morte;
Mas não vou responder, por golpes tais da sorte.

AGRIPINA

Britânico, não, não! morreu envenenado;
Narciso o crime armou: por vós foi ordenado.

BRITÂNICO

NERO

Senhora!… E há quem de tais suspeitas me haja em conta?

NARCISO

E que há, nelas, senhor, que assim vos seja afronta?
Senhora, em si nutriu Britânico alvo oculto,
Que iria vos causar pesares de mais vulto.
Mais longe ele aspirou que ao himeneu de Júnia;
Punir-vos a bondade, entre o mais, se propunha.
Ele vos iludia, e seu peito ultrajado
Iria reviver, cedo ou tarde, o passado.
Seja que fostes, pois, pelo acaso servida,
Ou que César, a par da ameaça à sua vida,
Confiasse a meu fiel zelo afastar-lhe os perigos,
As lágrimas deixai aos vossos inimigos.
Vejam nesta desgraça azar dos mais sinistros;
Mas vós…

AGRIPINA

Prossegue, sim, Nero: com tais ministros
Por feitos de alto teor hás de te assinalar,
Prossegue: passo tal não deste p'ra recuar.
Tua mão começou pelo sangue fraterno;
Prevejo que virá até ao seio materno.
Sei que na alma me tens, no fundo, ódio e desprezo;
Lembrar-te do que fiz por ti é-te odioso peso.
Mas saibas que o meu fim não aproveitarás;
Não penses que ao morrer hei de deixar-te em paz.
Roma, o céu, esta luz, luz de que eu te investi,
Virão a todo instante ofertar-me ante ti.

Remorsos seguir-te-ão como outras tantas fúrias;
Acalmá-los crerás com mais crimes e injúrias;
Teu furor, a incitar-se a si mesmo em sua via,
Com sangue novo te há de marear cada dia.
Mas faça o céu enfim, que, a coroar tantos crimes,
Sobre ti mesmo o rol das vítimas ultimes.
Que todo o gotejar seu sangue como o meu,
Por fim sejas forçado a derramar o teu,
E que o teu nome implique até o final dos anos
A mais cruel injúria aos mais cruéis tiranos.
É o que em meu coração de ti eu me predigo.
Adeus: podes sair.

NERO

Narciso, vem comigo.

Cena VII

AGRIPINA, BURRUS

AGRIPINA

De minhas suspeições, quão injusto era o juízo!
Céus! Burrus condenei para escutar Narciso!
Vistes, Burrus, que olhar de fúria desmedida
Nero me arremessou em sua despedida?
É o fim, já nada tem o cruel que ainda o impeça;
O golpe que previ me cai sobre a cabeça.
A vós também decerto em breve arrasará.

Britânico

Burrus

Ah, senhora! eu vivi a mais um dia já.
Prouvera ao céu que houvesse ele hoje posto à prova
Sobre a minha pessoa a sua fúria nova,
E não me houvesse dado o seu negro atentado
Tão certeiro penhor das desgraças do Estado!
Não é só o seu crime o que a dor me resume;
Pôde, contra um irmão, até, armá-lo o ciúme;
Mas, senhora, o que mais de espanto me enche e horror,
Nero, ao vê-lo expirar, não mudou nem de cor.
Indiferente, tinha o olhar dele a constância
Já de um tirano afeito ao crime desde a infância.
Pois termine, e, sangrento, ainda um ministro puna
Que horror lhe tem e a quem é a vida já importuna,
Longe de subtrair-me à ira que se prepara,
A mais súbita morte há de ser-me a mais cara.

Cena VIII

Agripina, Burrus, Albina

Albina

Ah, senhora! ah, senhor! vinde ao imperador;
César vinde salvar do seu próprio furor:
Vê para sempre Júnia a seu amor perdida.

Agripina

Quê! pôs Júnia ela mesma um termo à sua vida?

ALBINA

Em César perpetuando a fúria que o transporta,
Senhora, sem morrer, para ele, ela está morta.
Da evasão deste sítio acobertando a mira,
Sabeis que ir ter com a triste Otávia ela fingira;
Mas logo após tomou caminhos afastados,
Em que o olhar meu seguiu-lhe os passos apressados.
Saí do palácio, enfim, desesperada, a custo;
E, ao perceber de início a estátua ali de Augusto,
A ela corre, e a abraçar-lhe o mármore dos pés,
Lágrimas verte e diz: "Príncipe, por quem és,
Por estes pés que abraço, em transe tão funesto
"Protege do teu sangue o infortunado resto:
"Roma viu imolar em teu palácio aqui
"O único neto teu que era digno de ti.
"Querem que após sua morte eu lhe seja perjura:
"Mas para conservar-lhe em mim fé sempre pura,
"Voto-me aos imortais, que, em atos tutelares,
"Ergueram tua virtude a si e aos seus altares."
Eis que, na admiração do espetáculo novo,
De todo lado aflui ao seu redor o povo,
E as lástimas lhe ouvindo e a condoer-se de sua sorte,
Altamente, em comum, lhe empenha o seu suporte.
Ao templo a levam onde, há eras imemoriais,
Velando dia e noite o altar, nossas vestais
Têm do fogo sagrado a vigilante guarda,
Para que eternamente a nossos deuses arda.
César pasmado, os vê partir sem que os impeça.
Narciso, em agradar-lhe ousado mais, se apressa,
Voa a Júnia e sem perder de si mesmo o domínio,

BRITÂNICO

Tenta com mão profana embargar-lhe o caminho.
Com mil golpes mortais sua audácia é punida.
De seu sangue se vê Júnia toda esparzida.
César, com tanto golpe a um só tempo abalado,
Abandona-o entre as mãos que o infiel têm imolado.
Regressa. Tudo foge à fúria que o acabrunha;
Mudo, lhe sai da boca o nome, só, de Júnia.
Anda sem rumo: a vista incerta em nada pousa;
Seu desvairado olhar erguer ao céu não ousa;
E temem que, ao aliar-se a noite à solidão,
Vindo irritar-lhe mais a mágoa e a agitação,
Se tardardes, senhora, em prestar-lhe assistência,
Que o seu capricho tente até contra a existência.
Senhora, em acudi-lo, ah, não sejais remissa!
Destruir-se-ia: correi!

AGRIPINA
Far-se-ia ele justiça.
Mas, Burrus, vamos ver se com o nosso reforço,
A caminho melhor não o leva o remorso,
E se a seu proceder traçado novo imprime.

BURRUS
Praza ao céu esse ser seu derradeiro crime!

IMPRESSÃO E ACABAMENTO:
YANGRAF Fone/Fax:
6195.77.22
e-mail:yangraf.comercial@terra.com.br